08/30/2011

D0794420

CON QUIÉN NO CASARTE

CON QUIÉN NO CASARTE

PAT CONNOR

Traducción de Javier Guerrero

EDICIONES B
GRUPO ZETA

Barcelona • Bogotá • Buenos Aires • Caracas • Madrid • México D.F. • Montevideo • Quito • Santiago de Chile

Título original: *Whom Not To Marry*

Traducción: Javier Guerrero

1.ª edición: septiembre 2010

© 2010 Father Patrick Connor
© Ediciones B, S. A., 2010
   Consell de Cent 425-427 - 08009 Barcelona (España)
   www.edicionesb.com
Publicado originalmente en USA y Canadá por Hyperion

Printed in Spain
ISBN: 978-84-666-4525-6
Depósito legal: B. 24.526-2010

Impreso por S.I.A.G.S.A.

A MIS PADRES,
HERBERT ELI Y PATRICIA O'BRIEN CONNOR,
Y A MI HERMANO, DESMOND,
Y A SU ESPOSA, JUDY CONNOR,
NINGUNO DE LOS CUALES NECESITABA ESTE LIBRO

Índice

Nota del autor

A lo largo de los años, infinidad de mujeres y hombres han compartido sus vivencias conmigo. Muchos de ellos aparecen en este libro. Aunque estoy sumamente agradecido por su generosidad, he elegido no desvelar sus nombres ni elementos identificativos. Al fin y al cabo, los sacerdotes somos muy buenos guardando secretos.

Si bien los consejos que aparecen en este libro están pensados para los que están planeando casarse pero aún no lo han hecho, he buscado el ejemplo de parejas felizmente casadas (son mayoría, pese a todo) para añadir su experiencia a mis conocimientos.

Pese a que este libro está dirigido sobre todo a las mujeres, el hombre podría, siguiendo el ejemplo de Ruth, que en el Antiguo Testamento recoge la cosecha que los segadores han desechado, aprovechar cualquier idea que pueda resultarle útil mientras cavila sobre si elige a una mujer determinada para convertirla en su esposa.

Una de las razones por las cuales este libro está dirigido principalmente a las mujeres es que, según mi experiencia, son ellas las que suelen tomar la iniciativa cuando se trata de hablar de relaciones, de igual manera que suele ser la mujer quien toma la iniciativa de acudir a un consejero matrimonial cuando un matrimonio empieza a hacer agua. En una palabra, las mujeres son más abiertas que los hombres para hablar de con quién no deben casarse, y es más probable que ellas descarten una relación que augura un mal matrimonio. Si una mujer se da cuenta de que su relación se está volviendo problemática, lo ideal sería que pudiera convencer a su persona amada para que discuta con ella el contenido de este libro.

Introducción

*H*ollywood te cuenta que si estás muy enamorado de alguien, tu matrimonio con esa persona funcionará. Sin embargo, mi experiencia me dice que puedes estar profundamente enamorado de alguien con quien no podrás tener un matrimonio satisfactorio.

El idilio es una cuestión de sentimientos, o emociones, y éstos no siempre son las guías más fiables para la realidad de una situación. En la fase de cortejo, todo es dicha: la persona amada no puede hacer nada mal y la pareja nunca se cansa de la compañía del otro. Tu pareja es tu osito de peluche. Perdonas esas largas noches que pasó junto con su antiguo compañero del instituto. Y cuando tu factura de teléfono se dispara crees de verdad que «el amor lo conquista todo».

No es así.

Una historia de amor puede llevar a un matrimonio, pero el amor en sí no logra que un matrimonio funcione. Cuando comienzas una nueva relación, en esos primeros días de mareante idilio, el hombre con el que estás saliendo bien podría ser una versión de «cenas a la luz de las velas y largos paseos por la playa» de sí mismo. Eso no quiere decir que no esté siendo auténtico; sólo está mostrando su mejor cara para impresionarte. Si eres sincera contigo misma, probablemente tú estés haciendo lo mismo. (¿Cuándo fue la última vez que te presentaste a una cita en chándal y zapatillas de deporte?)

Una aventura amorosa es sobre todo una cuestión de lo mejor de lo mejor, es decir, cada cita parece mejor que la anterior, y por supuesto los dos estáis mostrando lo mejor de vosotros mismos. El matrimonio, en cambio, acepta la realidad «en las alegrías y en las penas». Es una distinción importante que es preciso establecer.

Puede que Joseph Campbell lo expresara mejor: «El matrimonio no es una aventura amorosa. Una aventura amorosa es algo completamente diferente. Un matrimonio es un compromiso [...] y una aventura no lo es. Es una relación de placer y cuando se torna no placentera, se acaba. Sin embargo, un matrimonio es un compromiso de vida y un compromiso de vida constituye la principal preocupación de tu existencia. Si el matrimonio no es tu principal preocupación, no estás casada.»

El encaprichamiento amoroso afecta al juicio, eso sí lo sé. Una vez que las personas se enamoran es difícil conseguir que piensen de manera racional en el matrimonio, lograr que piensen con frialdad en los años venideros. Sé que esto suena poco romántico, pero es importante pensar en el matrimonio no sólo con el corazón abierto, sino también con los ojos abiertos. Puede que el amor sea ciego, sin embargo, el matrimonio es como una visita a la consulta del optometrista.

La verdad es que el «Sí, quiero» no siempre conduce a un «felices para siempre».

❧⌘☙

Las estadísticas de divorcios son deprimentes. Más deprimentes aún son los incontables matrimonios infelices que las estadísticas no pueden tener en cuenta. Ahora bien, por aleatorios que puedan parecer la vida y el matrimonio, hay muchas cosas que puedes hacer para asegurarte de que eliges a la pareja adecuada. Todo empieza con ser honesta contigo misma.

Confía en mí.

Durante más de medio siglo, he oficiado un promedio de cinco bodas por año, más de doscientas bodas. Eso es mucho pastel de bodas.

Cada boda tiene su propia historia, por supuesto, y cada pareja es única. Sin embargo, no deja de asombrarme que las cosas no se tuerzan más a menudo. Recuerdo haber oficiado una ceremonia en la que le pregunté a la novia: «¿Tomas a este hombre por legítimo esposo?»

Ella se lo pensó un rato y dijo con frialdad: «No.»

Fue el final de la historia.

Hace un par de años, estaba en un banquete de bodas en Nueva Jersey cuando estalló una pelea de campeonato entre los miembros de la familia del novio y los de la familia de la novia. Se insultaron. Hubo puñetazos. Se derramaron lágrimas. Todo el drama, por supuesto, fue tiernamente grabado en vídeo. En cambio, fue un matrimonio feliz, aunque no me imagino a la feliz pareja viendo muy a menudo el vídeo del banquete.

En otra boda, los novios estaban avanzando lentamente hacia el altar cuando la dama de honor tropezó con la cola del vestido. El ruido de la tela al rasgarse hizo eco en la iglesia, seguido de inmediato por una palabra malsonante que destruyó durante un rato la solemnidad de la ocasión.

Quizás ha habido alguna que otra palabra malsonante dirigida a mí por ofrecer consejo sobre el matrimonio. A lo mejor estás pensando: «Es un sacerdote. Nunca se ha casado.» Y no te falta razón. Pero los sacerdotes, deberías saberlo, nunca dudan en dar su opinión en cuestiones sobre las que parecen saber poco. Claro, completé un posgrado en orientación en la Universidad de Fordham, y durante décadas he aconsejado a parejas en todos los estadios de sus relaciones. No obstante, siempre habrá una laguna práctica en mi experiencia del matrimonio. Al fin y al cabo, mi implicación es limitada. (Como diría Goethe: «No hay nada más aterrador que ver la ignorancia en acción.»)

Mi filosofar en torno al matrimonio ha estado dirigido sobre todo a aquellos que están empezando a considerarlo. Durante más de cincuenta años he tenido el privilegio de hablar con mujeres jóvenes sobre el tema de con quién no casarse. Francas y curiosas —en ocasiones, rotundas—, estas mujeres me han abierto sus corazones y sus mentes al tiempo que me planteaban sus preguntas sobre el matrimonio y la pareja. «¿Y si no me gusta la familia de mi marido? —me preguntarán—. ¿Eso será un problema?» («No tendría que serlo», suelo responder.) Y «¿El dinero es importante en un matrimonio?» («Sí, sí, sí», respondo a eso.) «Mis amigos no respetan a mi novio, porque me deja que lo trate a patadas.» («Está bien tener un balón en casa —les digo—, pero no si es tu marido.») «¿Y si estoy enamorada de él pero en el fondo sé que no es bueno?» (Mi respuesta a esta última pregunta es siempre que corras lo más deprisa que puedas… en la dirección contraria.)

Como cualquier profesor, he aprendido tanto como he enseñado. Estoy agradecido a estas mujeres jóvenes por confiarme sus sueños y deseos más personales.

Espero haber sido merecedor de su confianza.

Espero ser merecedor de la tuya.

❦

Hace unos cuatro años, uno de mis mejores amigos contactó conmigo y me dijo:

—Mi hija Margaret se va a casar en Nueva York, ¿oficiarías la boda?

—Sería un honor —le dije.

Llegó el día y una decena de personas nos reunimos en torno a un estanque en Central Park. Cuando la pareja se preparaba para pronunciar sus votos, un neoyorquino irrespetuoso gritó entre la multitud de observadores.

—¡No lo hagas! ¡No lo hagas!

Cuando oí esa advertencia, pensé en todas las futuras esposas que alguna vez oyeron, u oirán, sus propias voces interiores gritándoles antes de pronunciar sus votos:

—¡No lo hagas! ¡No lo hagas!

Para ellas he escrito este libro.

UNO

Antes de decir «Sí, quiero»

TODO LO QUE MERECE AMOR

Quizá no es ninguna sorpresa que cuando invito a parejas comprometidas que están preparando su boda a elegir un texto para su ceremonia, muchas se deciden por aquellas famosas palabras de san Pablo en su carta del siglo I a los Corintios. Cualquiera que haya asistido a una boda probablemente las ha oído. Me gustaría expresarlas de esta forma:

- *El amor es paciente.*
- *El amor es amable.*
- *El amor no es envidioso ni jactancioso ni arrogante ni grosero.*
- *El amor no es egoísta.*
- *El amor no es irritable ni resentido.*
- *El amor no se deleita en la injusticia, sino que se regocija con la verdad.*
- *El amor todo lo disculpa, todo lo cree, todo lo espera, todo lo soporta. El amor nunca se rinde.*

Igual que hay siete pecados capitales, este hermoso pasaje ofrece siete claves del amor, cada una de ellas tan importante como la siguiente en la construcción de una vida feliz y un matrimonio feliz. A lo largo de los años, he rezado y he pensado en estas palabras que son en sí mismas un texto vivo. He descubierto que una manera de probar si dos personas pueden amarse de verdad consiste en ver cómo viven estas palabras de Pablo.

Estas palabras son tan importantes que las he usado como esquema organizador de mi libro. Comprender lo que es el amor, y lo que no es, es vital para iniciar un matrimonio feliz. Estoy convencido de que es fácil para cualquiera decir: «Te quiero.» Sin embargo, ¿es tan fácil vivir esa palabra de «amor»?

San Pablo escribió y habló en griego, de manera que tenía que saber que hay cuatro palabras griegas para referirse al amor: *philia*, el amor de los amigos; *eros*, el amor romántico o sexual; *storge*, el amor sacrificado como el amor de los padres; *ágape*, la buena voluntad inquebrantable. Estas cuatro bellas cualidades deberían funcionar en una relación. Usa tu buen juicio. Has de saber lo que quieres y lo que merece la pena amar en la vida. Una vez que puedas hacer eso, tendrás muchas más posibilidades de ser «feliz para siempre».

NUNCA TE CASES CON UN HOMBRE QUE... LA EXCEPCIÓN Y LA REGLA

Antes de empezar a hablar de manera más específica sobre la clase de hombre respecto al cual me inclino a decirte que deberías evitar, he de explicarme. Antes hablaba de un modo categórico sobre la clase de hombre con la que nunca deberías casarte, pero me he encontrado con tantas excepciones que pensé que sería mejor modificar la fuerza de mi consejo y decir algo como esto: «Normalmente no es buena idea que te cases con un hombre que...»

- *Te hace sentir mal contigo misma.*
- *No es capaz de decir «te quiero».*
- *Se niega a aceptar la responsabilidad de sus actos.*
- *No sabe cómo conservar un puesto de trabajo.*
- *No tiene amigos.*
- *No sabe cómo pedir disculpas.*
- *Está atado a las faldas de su madre.*
- *NUNCA te cases con un hombre que es cruel contigo, física o emocionalmente. (En este caso no hay excepciones.)*

Como cualquier lista, ésta es sólo un punto de partida, un escenario para la discusión y el debate. No cabe duda de que tú tendrás la tuya y no cabe duda que será más larga que la mía.

Hace aproximadamente un año, la columnista del *New York Times* Maureen Dowd escribió acerca de mi trabajo en un artículo titulado «The Ideal Husband» [Un marido ideal]. Mi «consejo basado más que nada en el sentido común sobre cómo evitar parejas que destrozarían tu felicidad» inspiró a algunas lectoras a la acción inmediata. Una lectora informó de que su mejor amiga había roto su relación con un hombre después de lo que había aprendido con el artículo del New York Times sobre con quién no casarse. En este caso era: «No te cases con un hombre que está atado a las faldas de su madre.»

Hubo un aluvión de cartas al director. Mi favorita la escribió una mujer casada y divorciada dos veces, cuyos consejos —claramente sacados de la vida de casada— tenían asombrosos paralelismos con los de un servidor.

Ella escribió:

- Nunca te cases con un hombre que te grita delante de sus amigos.
- Nunca te cases con un hombre que es más afectuoso en público que en privado.
- Nunca te cases con un hombre que se fija en todos tus defectos, pero que nunca se fija en los suyos.
- Nunca te cases con un hombre cuya primera mujer lo haya demandado por no pagar los gastos de manutención de los hijos.
- Nunca te cases con un hombre que te corrige en público.
- Nunca te cases con un hombre que envía felicitaciones de cumpleaños a sus ex novias.
- Nunca te cases con un hombre que no trata bien a su perro.
- Nunca te cases con un hombre que es grosero con los camareros.
- Nunca te cases con un hombre que no le gusta a tu madre.
- Nunca te cases con un hombre que no le gusta a tus hijos.

Supongo que he estado cincuenta años en la pista correcta.

DOS

El amor es paciente

PACIENCIA, POR ENCIMA DE TODO

El 2 de febrero de 1983 se declaró un incendio en la residencia en la que vivía con varios sacerdotes más. A la mañana siguiente, lo habíamos perdido todo.

Los feligreses de las parroquias de los alrededores, en un derroche de amor y hospitalidad, nos invitaron a sus casas mientras se reconstruía nuestra residencia. ¡Qué preciosa virtud es la hospitalidad!

Yo me alojé con una familia muy amable. Durante tres meses viví en su sótano en compañía de un perro neurótico y un hámster. También había cuatro niños en la casa, de edades comprendidas entre los cuatro y los doce años. Al haber sido sacerdote toda mi vida, siempre he disfrutado del tiempo libre de una existencia egoísta de soltero. No estaba acostumbrado a esa clase de caos familiar ni a codearme con nadie. Me volvía loco.

No podía soportarlo. No podía soportar la algarabía de todo el día de correteos y ladridos que armonizaban con el coro presente a todas horas.

—Mamá, ¿dónde están mis zapatillas de ballet?

—Cielo, ¿has visto mis llaves?

—David, deja el perro en paz.

Agradecido o no, sabía que si no me iba podía matar a alguien. (Imagínate los titulares.) Así que hice las maletas. Pero antes de irme tenía que hacer una pregunta.

—Maggie —le pregunté a la madre—, ¿cómo te las arreglas? ¿Cómo puedes tener tanta paciencia con todas las demandas que te hacen constantemente?

—Vamos, padre Pat —dijo—. Somos católicos en casa.

—¿Y? —dije.

—Bueno, creemos en el pecado original.

—¿Y? —dije. Puedo ser un poco corto a veces.

Ella contestó.

—Así que todos los seres humanos tienen defectos, ¿verdad?

Eso era indiscutible.

—Bueno —continuó ella—, piénselo. Si todos tenemos defectos, ¿no es estúpido esperar un comportamiento racional de otro ser humano? Me refiero a un comportamiento constantemente racional. Cuando empiezas a esperar eso, bueno…, tienes un gran problema.

Necesitaba más.

—¿Y en la práctica qué significa?

Ella me sonrió.

—Permito a mi marido dos momentos de locura por día —dijo—. Permito a mis hijos tres momentos de locura por día. Y le he estado tolerando a usted cuatro.

Me estaba regañando.

Al parecer, en medio del caos había olvidado uno de los principios más básicos del amor: la paciencia. Ahí te-

nía a una mujer que había tomado un elemento de sabiduría irrebatible —la naturaleza imperfecta de la humanidad— y lo usaba para que la ayudara a ser paciente con
lo que ocurría en su casa, y conmigo.

Después de darle las gracias por su generosidad en
esos pocos meses, me fui a vivir con dos sacerdotes, que
no se hablaban entre sí. Por fin, ¡eso podía manejarlo!

VIVE CON PACIENCIA, AMA CON PACIENCIA

No es tan sencillo como decir: «El amor es paciente.»
Has de fundamentar esas palabras.

Entonces ¿qué es exactamente la paciencia?

La paciencia es esa cualidad valiosa que nos permite
esperar hasta que llegue lo que queremos, comprender
que en ocasiones hemos de mirar más allá del momento
presente para conseguir una satisfacción verdadera. Y
aún más que eso, la paciencia es la capacidad de esperar
sin quejarnos aquello que deseamos y aquello que estamos convencidos de merecer.

La paciencia nos da la fuerza para afrontar lo que tenemos delante, mientras esperamos lo que podría hallarse
más allá de nosotros. Es una cuestión de resistencia,
aguante, tolerancia y persistencia; todo ello son virtudes
a cultivar.

> *Puedes decir muchas cosas de una persona por la forma en que trata con estas tres cosas: un día de lluvia, una pérdida de equipaje y los cables enredados de las luces del árbol de Navidad.*
>
> MAYA ANGELOU

Ningún matrimonio es siempre pura tranquilidad y alegría. De verdad se trata de un pacto «en las alegrías y en las penas». Así pues, ¿cómo encaja la paciencia?

Bueno, para empezar, la paciencia admite la verdad incómoda de que somos, todos nosotros, imperfectos. La paciencia reconoce que muchas veces no sólo hay distancia entre lo que queremos y lo que tenemos, sino entre quiénes somos y quiénes queremos ser. Eso significa que en ocasiones hemos de dar al otro un respiro. No exijas perfección, porque no la conseguirás. Si ves que tu pareja tiene buena intención, que te respeta a ti y a tu relación, entonces concéntrate en eso.

El matrimonio es un empeño de larga duración, y aunque importa —en gran medida— lo que hacemos día a día, es fundamental no quedar empantanado con pequeñas cosas que pueden torcerse. Ten paciencia, y ten en cuenta que la paciencia deja espacio para el error. Queda claro que igual que la rosa no brota de la semilla de la noche a la mañana, no es probable que tu marido baje la tapa del inodoro la primera vez que se lo pidas.

Si la paciencia es un rasgo de la personalidad útil durante el matrimonio, puede ser aún más valiosa antes de que se celebre la boda. No hay nada malo en esperar un poco entre el compromiso y la ceremonia de matrimonio. De hecho, un periodo de espera decente puede ser algo muy bueno, porque te dará a ti y a tu prometido una oportunidad para evaluar vuestra relación.

Lo más probable es que, cuando mires a tu novio, pienses en cómo da la talla como novio. Ahora bien, ¿has pensado en si dará la talla como marido? Se trata de dos roles muy diferentes y has de considerarlos como tales antes de que des ese gran paso. Dicho de otra manera, puede que te haya gustado el tráiler, pero ¿qué te va a parecer la peli?

Te propongo un periodo de un año entre la decisión de casarte y la boda. Echa otro vistazo a tu futuro marido para estar segura. No lamentarás el esfuerzo extra.

Piensa en esto: aprendes algo nuevo cada día. Si hasta la semana pasada no te habías dado cuenta de que tiene la mala costumbre de dejar los calcetines sucios en el suelo del cuarto de baño todas las noches, ¿qué otras manías puede estar escondiendo? Nadie es perfecto, por supuesto, y todos tenemos esqueletos en el armario. Tú sólo asegúrate de que no son esqueletos de verdad.

Alguna gente piensa en el compromiso como un periodo para planear la boda. Yo prefiero pensar en ello como el tiempo para planear el matrimonio. Usa este periodo como algo más que una oportunidad de exhibir tu anillo o elegir el pastel ideal. Tómate la oportunidad de conocer —de conocer *de verdad*— a tu futuro marido.

Sé que esto puede causar cierta ansiedad, pero usa el compromiso como un tiempo para plantear preguntas, de tu prometido y de ti misma. ¿Adónde quieres que os lleve vuestra vida en común? Estas grandes preguntas pueden ser en cierto modo imposibles de responder en toda su dimensión, así que abórdalas por partes y estarás en camino de saber qué es lo importante en tu matrimonio. Pregúntate: ¿qué me gustaría saber de él que es imposible saber en los primeros meses de salir juntos? Alguna información sólo puede conocerse de verdad con el tiempo.

Preguntas que os tenéis que plantear antes de decir «Sí, quiero».

❧ ¿Queremos una gran familia o nos contentaremos con ser sólo nosotros dos?

❧ ¿Qué papel tendrá la espiritualidad o la fe religiosa en nuestras vidas?

❧ ¿Queremos un estilo de vida opulento, o preferiríamos un estándar de vida más modesto con más tiempo para disfrutar de lo que nos hace felices?

❧ ¿Cómo nos ocuparemos de nuestras deudas y ahorros?

❧ ¿Hay algunas cosas a las que no estamos dispuestos a renunciar en nuestro matrimonio?

❧ ¿Qué sentimos con respecto a la familia del otro?

❧ ¿Por qué nos vamos a casar? (Te sorprendería saber cuántas personas no se plantean esta pregunta importantísima.)

❧ ¿Estamos preparados para afrontar los retos que entraña el matrimonio?

Una amiga mía a punto de cumplir cuarenta, Mary Jane, tenía ganas de casarse. Era una mujer inteligente, con un maravilloso sentido del humor, corazón amable y una vida llena de amor y amistad. Mary Jane era bibliotecaria. Olvida esas ideas sobre la mujer severa que te hace callar desde detrás de la pila de libros: Mary Jane era guapa, vivaracha y divertida. Le encantaba la hora de lectura con los niños, y podías contar con ella para que te recomendara un buen libro o una película de terror. También alentaba a los autores locales, organizando reuniones a las que podían ir a intercambiar ideas.

Los días de Mary Jane eran animados y plenos. Y sin embargo, con demasiada frecuencia se iba a casa después de trabajar y cenaba un plato precocinado acompañado de una copa de vino. Mary Jane ansiaba una pareja, alguien con quien compartir su jornada, alguien con quien divertirse, alguien que estuviera allí en los buenos y en los malos tiempos. En resumen: un marido.

Así pues, Mary Jane hizo lo que muchas mujeres hacen en estos tiempos: se conectó a Internet. Tenía claro la clase de persona que estaba buscando y sintió que la me-

EL AMOR ES PACIENTE

Primera lección

No pienses que esperar el matrimonio significa ser paciente en la espera: sal y usa la tecnología moderna para encontrar una buena pareja.

jor manera de conseguir un tipo decente y honrado era ser una mujer decente y honrada. Completó su perfil decidiendo decir la verdad. Incluso mencionó a su serpiente mascota, *Marmaduke*.

Al cabo de cuatro días, y después de gastarse treinta y cuatro dólares, Mary Jane tenía seis citas. «Ha sido fácil —pensó—, no sé por qué no lo he hecho antes.» Tras seis citas obtuvo la respuesta. El soltero número uno era demasiado machista para su gusto. El soltero número dos llamó a su madre antes de su segundo martini. Mary Jane estaba dispuesta a pasar por alto los tatuajes del soltero número tres, pero no el brillo maníaco de su mirada. Los solteros cuatro y cinco no se presentaron, y el soltero número seis, bueno, resultó que no era soltero. A pesar de estos reveses, Mary Jane estaba decidida a seguir intentándolo. Sus amigas la animaban, riéndose con sus historias y dándole una más que necesaria perspectiva.

—Sinceramente, Mary Jane —le había dicho su amiga Linda—, es una cuestión de estadística, así de sencillo. Sigue intentándolo. Ha de estar en alguna parte. Te lo prometo.

—Para ti es fácil decirlo —respondió Mary Jane—. El que dijo que a todos los hombres los crearon iguales seguro que no ha probado las citas por Internet.

Sin embargo, siguió intentándolo y conoció a Tom. Tom, un hombre de negocios triunfador, no sólo era encantador e ingenioso, sino que también era el novio más atento que había tenido nunca. La llevaba al teatro y a restaurantes caros. La llamaba dos o tres veces al día, y constantemente estaba enviándole sus simpáticos mensajes de texto: «T ki»; «t veo x nxe», «1 rosa xq t ki.»

Era un idilio arrollador, pero Mary Jane no perdió la cabeza. Quería encontrar a alguien que fuera bueno y triunfador, alguien que creyera en algunos valores que ella poseía. Tom parecía suscribir esos valores. Trabajaba con tesón. Tenía una naturaleza generosa, y creía en algo más grande que él mismo. Tom estaba explorando el budismo, pero acompañaba a Mary Jane a misa todos los domingos, porque, tal como él lo expresaba: «Quiero conocer lo que es importante para ti.»

No pasó mucho tiempo antes de que recibiera una llamada de teléfono de Mary Jane preguntándome si podía oficiar su boda. Ella estaba muy feliz y, por supuesto, yo también. Como amigo suyo, quería compartir ese momento con ella, sin embargo, como su consejero, quería asegurarme de que estaba tomando la decisión correcta, así que le pedí que me presentara a Tom. Yo estaba dispuesto a que me cayera bien. Parecía cumplir los requisitos: listo, bien hablado, respetuoso; casi demasiado bueno para ser cierto. Pensé que era material adecuado para el matrimonio y que tenían una buena oportunidad de intentarlo. No obstante, les aconsejé que pisaran el freno.

Obedece a tu corazón, pero antes date un tiempo de calma. Haz preguntas, busca los sentimientos que hay detrás de las respuestas.

ANÓNIMO

—¿Por qué esperar? —preguntó Tom—. Somos adultos, sabemos lo que queremos.

Mary Jane, no obstante, siguió mi consejo de frenar. A las puertas de un matrimonio que tanto había deseado, era capaz de examinar su vida, de ver de dónde había llegado y adónde iba.

Sí, amaba a Tom.

Sí, quería casarse.

Sin embargo, Mary Jane también sabía que la mejor manera de lograr que el matrimonio funcionara era conseguir que el compromiso funcionara. Así que insistió en que Tom esperara, porque, como dijo ella: «Antes de que se lance el arroz y se hagan los brindis, quiero asegurarme de que estoy tomando la decisión adecuada. Claro, durante los últimos años he pensado mucho en casarme, pero tengo una buena vida y antes de renunciar a ella he de saber que voy a pasar a algo mejor, a una pareja de verdad. Amo a Tom, por supuesto que sí. Pero quiero asegurarme de que somos adecuados el uno para el otro. Quiero creer en este matrimonio, no sólo en la idea de matrimonio.»

Todo fue viento en popa durante un tiempo. Luego, gradualmente, Tom cambió. El hombre que era atento se volvió posesivo. El hombre que era romántico a veces se convertía en indiferente. Se negaba a relacionarse con las amigas de Mary Jane, con las que a ella le encantaba estar. Esto lo enfurecía y conducía a estallidos de celos. Lo que antes eran encantadoras llamadas para preguntar cómo estaba se convirtió en un control estricto, que exigía saber dónde y con quién estaba ella a todas horas. Y no es que él le contara dónde estaba. Tom resultó ser un mentiroso patológico en el que no se podía confiar. Su negocio estaba construido sobre una montaña de deudas, y más de una vez, Mary Jane había ido al cajero automático y se había encontrado con su cuenta en descubierto. ¿Y la exploración budista que tanto la había impresionado? Resultó que Tom no estaba explorando, sino que se estaba entreteniendo; el budismo era sólo el último de una larga lista de experimentos religiosos. Tom no trataba de descubrir una nueva forma de mirar el mundo; simplemente era incapaz de comprometerse con nada que le exigiera el menor esfuerzo.

Mary Jane estaba desolada. El hombre al que había amado en realidad no había existido nunca. Y aun así, por dolida que estuviera, también estaba aliviada. «Padre Pat, si yo no hubiera insistido en un compromiso de un año, nunca me habría enterado de todas estas cosas —me confesó—. En lugar de un compromiso roto, habría sido un matrimonio roto, y eso es mucho más difícil de soportar.»

EL AMOR ES PACIENTE
Segunda lección

Mantén un compromiso de un año. Haz todas las preguntas que se te ocurran. Te alegrarás de haberlo hecho.

Después de la ruptura, Mary Jane y yo nos sentamos a hablar de sus experiencias y de lo que había aprendido de ellas. Tanto como necesitaba un hombre en el que llorar, necesitaba alguien que le ayudara a encajar las piezas. Al fin y al cabo, uno no crece si no es capaz de aprender del pasado.

—Tom era tan encantador, tan guapo... Era todo lo que había pensado que quería. Supongo que era demasiado bueno para ser cierto.

Hablándolo otra vez, Mary Jane se dio cuenta de que había pasado por alto las señales de alarma.

—Era muy reservado —me dijo—. No le presioné. O sea, una relación ha de estar basada en la confianza, ¿no?

Coincidí con ella, aunque propuse que la «confianza informada», esto es, confianza basada en el conocimiento y la experiencia reales de la otra persona, es mucho mejor que la «confianza ciega», que tal vez era algo más parecido a lo que estaba ocurriendo en este caso.

Mary Jane estuvo de acuerdo.

—Supongo que no hice suficientes preguntas sobre su pasado. Supuse, al principio, que no me importaba. Estábamos en esa burbuja perfecta en la que lo único que contaba era el aquí y ahora. Era demasiado excitante. Pero después de esos primeros meses maravillosos, bueno, empecé a fijarme en cosas. ¿Su negocio? En fin, no soy contable, pero había muchas llamadas telefónicas tensas, un montón de hablar de liquidez, esa clase de cosas. Me puso nerviosa.

»Y cuando la boda se acercaba, en fin, todo eso de "en las alegrías y en las penas" empezó a quedarme claro. Me había enamorado perdidamente, pero parecía que había pasado mucho tiempo. Cuando estaba con Tom sólo me sentía mal conmigo misma. ¿Qué sentido tenía eso? ¿Cuál era el sentido de dejar de lado mi vieja vida (bueno, entonces pensaba en ello como mi vieja vida) para eso? ¿Por qué iba a casarme si lo que iba a recibir a cambio no era más fuerte, mejor? ¿Algo más de lo que tenía? ¿Sabe?

Sí, lo sabía.

PROMETER, COMPROMETER

Si hay algo que nos han enseñado las revistas y los programas de televisión es que los hombres temen el compromiso. Una mujer me confió que el hombre con el que mantenía una relación seria había expresado su profundo temor al compromiso. Quería que pasaran un tiempo separados e ir al psicólogo para explorar sus temores. Ella estaba un poco nerviosa al respecto, de manera comprensible. Estaba muy enamorada de su novio y no podía soportar la perspectiva de un futuro sin él. Le preocupaba que la terapia pudiera descubrir algo que en última instancia impidiera que se casaran, y perderlo.

Eso era una posibilidad, pero también cabía otra posibilidad: que él fuera a terapia y superara sus temores al enfrentarse a ellos. El mismo hecho de que este hombre joven fuera capaz de discutir sus temores con su novia me decía que era una persona de carácter, alguien que comprendía la importancia del compromiso aunque lo atemorizara. Ésta era sin lugar a dudas una cualidad muy buena.

Casarse significa hacer una promesa sagrada. Eso requiere compromiso… y el compromiso requiere paciencia.

No te llames a engaño: el compromiso es una perspectiva aterradora, tanto para hombres como para mujeres. Ha de serlo. El acto de comprometerte con otra persona para el resto de tu vida no es algo que pueda hacerse a la ligera. «Antes de que te cases, mira lo que haces.» Así que si el miedo nos induce a hacer balance de nuestras acciones y nos lleva a cuestionar no sólo éstas, sino también nuestros motivos, puede ser un miedo muy útil.

Recuerdo un incidente de mi vida en el seminario. Tendría unos veintisiete años. Era la víspera del día en que mi clase de quince seminaristas iba a tomar los votos finales en la orden religiosa a la que pertenezco. Mi compañero de cuarto y buen amigo, llamémosle Frank, estaba sentado en el alféizar de nuestra habitación del cuarto piso, con aspecto más reflexivo de lo habitual. Había pasado los años en el seminario sin ningún problema. Ahora había llegado el momento de la verdad y parecía preocupado.

—¿Qué pasa, Frank? —le dije.

—Acabo de darme cuenta de lo que haremos mañana… —dijo.

En un momento decisivo, tenía que afrontar el hecho

de que nunca había pensado de verdad sobre aquello en lo que iba a meterse. Y como es natural, estaba aterrorizado.

Ese miedo al compromiso es natural y, según mi experiencia, parece que los hombres temen el compromiso más que las mujeres. Temen que el matrimonio los cambie tanto que ya no puedan vivir según sus propias reglas. Bueno, tienen razón. El matrimonio no sólo requiere responsabilidad, sino también compromiso. Ahora bien, a cambio de cumplir con estos dos requisitos —y son dos grandes requisitos—, un hombre que contrae matrimonio recibirá mucho más que aquello a lo que renuncia. Obtendrá amor, compañía y apoyo para toda la vida. Dará y recibirá pasión y amistad. Hay incluso estudios que muestran que la gente casada es más feliz, más sana y tiene menos problemas económicos.

AMOR Y MIEDO

Nunca deberías ponerte en situación de tratar de convencer a tu novio de que se case contigo. Nada bueno puede salir de eso. Si quieres que tu novio sea tu compañero de vida, pero tiene miedo, bueno, tendrás que afrontarlo. Eso significa ser claros en lo que queréis como individuos y como pareja. Habladlo con amor y respeto y, por encima de todo, con sinceridad. Y no os detengáis en las preguntas difíciles: ¿qué es lo que teme? Y ¿por qué?

> La paciencia no es sólo una virtud, es un servicio útil para todos los aspectos de la vida. Y cuando se trata de matrimonio, la paciencia es vital para ayudarte a comprender las complejidades de comprometerte con otra persona.

Si el compromiso es duro para algunos hombres, es porque tienen la idea de que es lo contrario a la libertad, y eso es lo que ellos valoran por encima de todas las cosas. Muchos hombres están preocupados —aterrorizados, más bien— por la posibilidad de perder su independencia. Es importante que seas paciente con tu novio, pero también es importante que seas realista. Las mujeres suelen inventar excusas para los hombres de su vida. «Oh, está muy ocupado —dirá una—. Por eso muchas veces llega tarde a recogerme.» O: «Tiene miedo de que sus sentimientos hacia mí sean demasiado profundos.» Por desgracia, las mujeres pueden tratar de amortiguar el mensaje que reciben para continuar su relación o evitar resultar heridas. Y por supuesto, no hay forma real que te garantice no salir trasquilada. Así que, tanto si tiene un temor al compromiso que no puede superar como si simplemente no te quiere, es importante que seas realista sobre tu relación y que prestes atención a aquellas acciones que implican una falta de compromiso por su parte, sea cual sea la razón.

CAMPANAS
de boda

O

Sirenas
de alarma

🌿 *¿Cómo te trata?* «Hablar no cuesta nada», dice el dicho. ¿Tu novio habla de amor y compromiso, pero sus acciones no coinciden con sus palabras? Si, por ejemplo, dice que eres la persona más importante de su vida, entonces ¿por qué no mantiene las promesas que te hace? ¿Respeto o indiferencia? Las acciones rara vez mienten.

🌿 *¿Cómo te presenta a otras personas?* ¿Te presenta como su novia o como su prometida? ¿O usa un lenguaje nebuloso que no refleja la seriedad de vuestra relación? Si es reticente a usar la primera persona del plural o te presenta simplemente como «mi amiga» puede que no esté preparado para el matrimonio.

🌿 *¿Cómo se lleva con tus amigos y familia?* ¿Tiene ganas de participar en tu vida y de que tú participes en la suya? Un matrimonio no es sólo una unión de finanzas y muebles, es la fusión de dos vidas y de todas las personas que forman parte de ellas. El hombre que es reacio a conocer a tus amigos (y de presentarte a los suyos) podría no ser el hombre con el que deberías casarte.

Si has estado pensando en orientación prematrimonial, podrías plantearte si tú y tu prometido tenéis que ir por separado o juntos. La respuesta es simple: las dos cosas.

Los programas de preparación para el matrimonio pueden ayudarte a eliminar parte de la angustia que tú y tu futuro marido quizá sintáis. Oír a otras parejas discutir sus relaciones de manera abierta y sincera puede dar incluso al compañero más reacio la confianza para participar.

No es ninguna sorpresa que a los hombres no les guste la orientación prematrimonial. Me doy cuenta cuando a un futuro marido lo han arrastrado a la orientación agarrado por el cogote. Cruza los brazos delante del pecho, examina los cuadros de la pared de mi despacho o adopta alguna otra postura que muestra que se opone a esa conversación.

Una novia recordó que su novio al principio se resistía a la orientación prematrimonial hasta que miró a su alrededor a otras parejas de la clase. La mayoría de las parejas eran de su edad y, aunque casi todos los hombres obviamente no quieren estar allí, estaban deseando intentarlo.

Recuerdo que durante una de mis sesiones pedí a una pareja que expresara lo que amaban el uno del otro. Para sorpresa de la mujer, su novio se sinceró.

—Me emocioné cuando recitó de un tirón una larga lista —me recordó—. Lo que me impactó fue que pudo decirlo en voz alta en un momento en que ni siquiera estábamos solos.

En ocasiones, la parte más difícil de la comunicación es romper el silencio. Una vez que lográis reconocer vuestros sentimientos mutuos, queréis compartirlos en privado y en público. Esto sólo contribuirá a que aumenten tu compasión y tu comprensión.

El siguiente paso en este foro abierto de comunicación consiste en expresar lo que no te gusta de tu futuro cónyuge, sin ser sentenciosa. Vas a vivir con esta persona: si mantienes esos sentimientos embotellados es probable que exploten.

Una mujer joven reconoció en una de mis sesiones de orientación que estas observaciones no tan positivas eran difíciles de oír. Era la misma mujer joven que se había iluminado de placer con la larga lista de positivos.

—Pero cuando me sinceré me di cuenta de que coincidía con sus preocupaciones, que ahora estoy tratando de abordar.

PALABRAS SABIAS DE UNA SUEGRA

La comunicación no sólo es una cuestión de hablar, sino también de escuchar. Y en ocasiones se trata de no escuchar. Ruth Bader Ginsburg, miembro del Tribunal Supremo de Estados Unidos, comparte estas palabras sabias de su suegra. Ruth se estaba vistiendo para la boda cuando su futura suegra entró en la habitación y le puso algo en la mano.

«Voy a darte un consejo que te servirá mucho —dijo

su suegra—. En todo buen matrimonio siempre va bien ser un poco sordo.»

Ruth bajó la mirada y se encontró con un par de tapones de cera para los oídos en la mano. Escribe Ginsburg: «En ocasiones la gente te dice cosas crueles o desconsideradas y, cuando eso ocurre, es mejor ser un poco duro de oído para desconectar y no contestar con rabia o impaciencia. En todos mis años de matrimonio he recordado ese consejo con regularidad.»

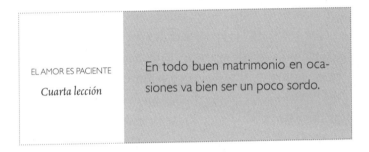

EL AMOR ES PACIENTE

Cuarta lección

En todo buen matrimonio en ocasiones va bien ser un poco sordo.

COMUNICACIÓN DECIDIDA

Cuando me reúno con una pareja que está pensando en casarse, insisto en que mantengan una serie de conversaciones personales conmigo. Mis sesiones se basan en un cuestionario.

Empiezo por preguntar a la pareja por separado: «¿Cuál es tu definición de matrimonio, en veinticinco palabras o menos?»

La primera vez que planteé esta pregunta a una pareja estaba un poco nervioso. Medio esperaba una respuesta burlona como la del niño que dijo que el matrimonio «es cuando te gusta lo que le gusta a ella y así vives en la misma casa y sabes dónde se guardan los nachos». O la niña que dijo: «Un hombre y una mujer se casan para poder ahorrar dinero en el supermercado.»

No tendría que haberme preocupado. Las parejas normalmente escuchan con atención. Rara vez ocurre que uno de los miembros de la pareja no muestre interés en la discusión. La mayoría de las veces comenzará la mujer. Sólo he de mirarla y ella dispara su definición.

Y entonces digo: «¿Y tú, Jack?»

Con frecuencia «Jack» está desconcertado. Como un hombre que trata de agarrarse a un clavo ardiendo, repite una versión diferente de lo que su futura esposa ha dicho. Y está bien, porque muestra que en cierto nivel coincide con ella. La palabra que busco, y es sorprendente con cuánta frecuencia la pronuncia primero la mujer, es «compromiso». Es clave.

¿Cómo definiría tu novio el compromiso, esa palabra crucial en cualquier discusión de matrimonio? Me gusta definir el compromiso como «una promesa sagrada, elegida con libertad, de consagrarte al otro durante toda la vida». Concedido, no hay muchos hombres a los que se les ocurra eso. Algunos dirán: «Se trata de estar ahí para el otro.» O: «Es una decisión de trabajar juntos y para nuestro matrimonio.» Con frecuencia oiré algo como: «Es, bueno, eso de "hasta que la muerte nos separe", ¿no?»

No te preocupes si tu pretendiente tiene problemas en dar con una definición, sobre todo la primera vez. Los hombres muchas veces son incapaces de expresar sus sentimientos, aunque puedan ser profundos y auténticos. No esperes que se abra de golpe a la primera, y trata de que no te desanimen. Dale la oportunidad de que comprenda la idea de que, aunque una relación hay que vivirla, en ocasiones también ha de discutirse. En otras palabras, sé paciente.

Querido padre Pat

Querido padre Pat: Sé que mi novio me ama, pero nunca me dice esas palabras. ¿Es importante? Firmado: Ansiosa de Palabras.

Querida Ansiosa: Los hombres son notoriamente pobres expresando sus sentimientos. No obstante, si un hombre es incapaz de decir «te quiero», puede ser una señal de que no está preparado para el matrimonio. El matrimonio se basa en comunicación y compromiso. Si tu pretendiente no puede comunicar su amor, puede que no esté preparado para el compromiso.

EN LAS ALEGRÍAS Y EN LAS PENAS

El matrimonio es un compromiso de duración indefinida con una persona impredecible. El día de tu boda nunca sabes lo que te depara el futuro, y aun así, en ese gran día prometes estar junto a tu pareja pase lo que pase.

Por eso el texto de la ceremonia de boda tradicional incluye esas palabras asombrosas: «En las alegrías y en las penas, en la salud y en la enfermedad, en la riqueza y en la pobreza, hasta que la muerte os separe.» Puede que te tiemblen las rodillas al pronunciar estas palabras.

Tú y tu prometido deberíais revisar ese texto con cuidado, palabra por palabra.

Todo esto plantea una cuestión más importante. Lo que puedes hacer y lo que deberías hacer en la medida en que tus recursos emocionales y prácticos te lo permitan es dar a tu novio todo el apoyo amoroso que puedas con toda la compasión que puedas reunir. Recuerda: paciencia.

Compasión y paciencia están relacionadas, son dos llaves para abrir las complejidades del compromiso. En cuanto al forcejeo de la pareja con las cuestiones de compromiso del hombre, es esencial seguir sondando la fuente de esos sentimientos. Hablar de la cuestión es la única forma de resolverlos. Pregúntale qué es lo que le asusta del compromiso. Quizás hay una historia de divorcio en su familia. Es posible que su miedo al compromiso hunda sus raíces en algunas conductas prematrimoniales.

Pregúntale.

EL AMOR ES PACIENTE
Quinta lección

Compasión y paciencia están relacionadas, son dos llaves para abrir las complejidades del compromiso.

Hubo una vez una cita a ciegas que casi terminó fatal.

El hombre y la mujer, que nunca se habían visto, iban corriendo en coches distintos para llegar a su cena, reservada en un popular restaurante. Él conducía un Dodge Viper y ella un Volvo. El hombre pasó a toda velocidad la señal de stop y se detuvo justo antes de chocar con el coche de ella.

Aturullado y furioso, el hombre bajó la ventanilla y soltó una andanada de amenaza e insinuaciones.

—¡Tenía que ser una mujer la que casi me rompe el coche! —gritó.

La guinda del pastel fue otro comentario adicional que no tenía nada que ver con la forma de conducir de ella.

Cada uno aparcó su coche y la mujer hizo un esfuerzo adicional para aparcar lo más lejos posible del vehículo de él. El restaurante estaba abarrotado, así que cada uno esperó en la barra sin ver al otro, hasta que los llamaron a la mesa.

Hasta el momento en que el *maître* los sentó no se reconocieron mutuamente como el enemigo de la señal de stop. Sus expresiones mostraban una mezcla de miedo y vergüenza, y se produjo un silencio que parecía interminable. Al final, estallaron en una carcajada simultánea.

La mujer no encontraba las palabras. No obstante, el hombre pensaba deprisa y se le ocurrió una broma.

—Lo siento —tartamudeó—. Estaba hablando con la persona que estaba en el coche de detrás de ti.

No hubo una segunda cita.

Un número abrumador de hombres y mujeres jóvenes reconocen buscar un «alma gemela» en el matrimonio: esa persona a la que conocerás mientras suenan los violines y que por sí sola satisfará todas tus necesidades. Sabrás instintivamente que es él. Cuando lo mires a través de la habitación repleta, las rodillas te temblarán como si fueran de gelatina. Si consigues cazarlo, no necesitarás a nadie más en tu vida salvo los hijos perfectos que tendrás con él. Podrías tener que esperar pacientemente para que aparezca esta alma gemela, ¿y qué? Lo reconocerás cuando lo veas, y él te reconocerá a ti.

EL AMOR ES PACIENTE

Sexta lección

Si siempre es impaciente, contigo y con los demás, déjalo.

El problema con el escenario del alma gemela es que no es realista. Por un lado, el término «alma gemela» implica que sólo hay una persona que pueda completar tu deseo de una relación romántica. Hay muchas posibles parejas, cada una de ellas con sus propias virtudes, y depende de ti discernir quién va a ser tu mejor pareja matrimonial a largo plazo. La elección es tuya; nunca lo olvides. Depende de ti elegir un alma de las muchas almas gemelas que existen.

Elijas a quien elijas, has de comprender que en vuestro largo camino juntos podría haber otras sorpresas, siempre hay aristas afiladas. Para empezar, tú o tu marido podéis encontraros con las llamadas «almas gemelas» incluso después de que os hayáis casado. Ten esto en cuenta, y recuerda que ningún «alma gemela» es tan importante como tu pareja o tu matrimonio. Aunque empecéis vuestra relación como hombre y mujer, es el matrimonio en sí —y vuestra participación activa y amorosa en él— lo que os hará marido y mujer.

Y por otro lado —y esto nos ocurre a todos—, llegará un día en que te darás cuenta de que tu pareja, por muy alma gemela que sea, es un ser imperfecto. Algunos días las decepciones serán menores, como que deje la pasta de dientes sin cerrar, mientras que otros días los retos serán mucho mayores. Por eso es tan importante que te tomes tu tiempo para elegir a la pareja adecuada, y para comprender que la elección es tuya. Atiende a todas las dudas que tengas y no te comprometas hasta que estés segura de que él es la persona con la que quieres casarte. Considera esto:

Puede que haga que te tiemblen las rodillas, pero ¿quiere acostarse contigo el mismo día que lo conoces?

Puede que sea extraordinariamente atractivo y sexy, pero ¿es drogadicto?

Puede que supure encanto por todos los poros, pero ¿es sincero?

Tus amigas pueden admirarte por el hecho de que te vaya detrás semejante dechado de virtudes, pero ¿cuáles son sus objetivos en la vida?

Quizá tu posible alma gemela superará estas preguntas y otras más difíciles. Si es así, puedes elegir decidir empezar a cultivar su compañía, usando la cabeza en todo momento.

Has de besar a un montón de ranas para encontrar a un príncipe.

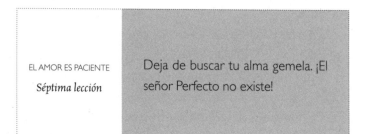

EL AMOR ES PACIENTE

Séptima lección

Deja de buscar tu alma gemela. ¡El señor Perfecto no existe!

Las siete lecciones de
El amor es paciente

1. No pienses que esperar el matrimonio significa ser paciente en la espera: sal y usa la tecnología moderna para encontrar una buena pareja.

2. Mantén un compromiso de un año. Haz todas las preguntas que se te ocurran. Te alegrarás de haberlo hecho.

3. Casarse significa hacer una promesa sagrada. Eso requiere compromiso… y el compromiso requiere paciencia.

4. En todo buen matrimonio en ocasiones va bien ser un poco sordo.

5. Compasión y paciencia están relacionadas, son dos llaves para abrir las complejidades del compromiso.

6. Si siempre es impaciente, contigo y con los demás, déjalo.

7. Deja de buscar tu alma gemela. ¡El señor Perfecto no existe!

TRES

El amor es amable

LA AMABILIDAD SE ENCUENTRA EN TODAS LAS RELACIONES BUENAS Y AMOROSAS

Conocemos la amabilidad cuando la vemos. Sabemos que habita en las pequeñas cosas: aguantar una puerta para que no se cierre, una palabra de compasión, una sonrisa humanitaria.

Extendemos la amabilidad a otros cuando los ayudamos a llevar sus cargas y cuando simplemente escuchamos.

La amabilidad se encuentra en la historia del Buen Samaritano, en las palabras del Dalái Lama y en todas las relaciones buenas y amorosas.

Amabilidad significa, entre otras cosas, escuchar a otro con el corazón y la mente abiertos.

Significa mostrar respeto y prestar atención.

La amabilidad comprende lo que otra persona necesita y es capaz de responder con generosidad, compasión y ternura.

Por encima de todo, la amabilidad reconoce la humanidad de otra persona.

Cultiva la amabilidad en tu vida y en tus relaciones

y plantarás las semillas de la amabilidad en tu matrimonio.

EL AMOR ES AMABLE

Primera lección

Cultiva la amabilidad en tu vida y plantarás las semillas de la amabilidad en tu matrimonio.

¡PIENSA!

Piensa antes de hablar, decía siempre el pastor Thomas Tuell, y se le ocurrió este encantador acróstico para ayudarnos a recordarlo. En todo lo que has dicho o estás a punto de decir, plantéate estas preguntas.

¿*P* es de Pensado?

¿*I* es de Inspirado?

¿*E* es de Especial?

¿*N* es de Necesario?

¿*S* es de Sincero?

¿*A* es de Amable?

Yo insto a las parejas a que pongan esta palabra PIENSA en la puerta de su nevera. De hecho, me gusta imaginar a recién casados trasladándose a su nueva casa y mirando la puerta de su nevera para cuidar lo que se dicen el uno al otro: pensado, inspirado, especial, necesario, sincero, amable.

Heather conoció a Ross en una fiesta. Ella acababa de pasar por una ruptura un poco traumática con su novio de tres años y estaba más que un poco tocada. La fiesta era el primer intento de Heather de reivindicar su vida social, pero aceptó ir a regañadientes, y sólo porque su amiga Emma la había sacado de su apartamento.

—Basta —había dicho Emma—. Estás llevando demasiado lejos este papel de miss Havisham. Es hora de que salgas y continúes con tu vida.

Eso es una buena amiga.

Heather era una joven música a la que solían describir como original. Tenía unos cuantos tatuajes, un sentido del humor extravagante y un gran amor por la aventura, por no mencionar el chocolate. Ross, un abogado recién llegado a la ciudad, era atractivo aunque parecía demasiado convencional para Heather. Aun así, ella siguió el consejo de Emma y le dio a Ross su número de teléfono cuando él se lo pidió.

Su primera cita —cena y cine— fue encantadora. Ross llevó a Heather a su restaurante indio favorito, y ella lo llevó a él a un cine antiguo, apartado, donde vieron una película de los Hermanos Marx. Su segunda cita, almuerzo y paseo por el parque, fue incluso mejor. Heather habló de su afición musical y Ross de su pasión por el derecho. Intercambiaron historias de sus infancias, y Heather hasta se rio de los chistes increíblemente malos de Ross. A pesar de todo ello, Heather se estaba frenando. No podía resistir la urgencia de comparar a Ross con su antiguo novio, que era mucho más emocionante. Además, le costaba mucho superar todo el asunto del derecho. Aun así, él era un buen tipo y ella estaba decidida a darle una oportunidad.

Era el momento de la crucial tercera cita y Ross propuso un viaje al campo.

Era uno de esos fabulosos días de septiembre en los que el clima está empezando a cambiar. El sol brillaba y soplaba una brisa suave mientras caminaban por las calles, contemplando la pintoresca arquitectura del siglo XIX y mirando tiendas de antigüedades. Se les antojó parar a probar el helado en la heladería local, donde pidieron dos cucuruchos con doble *fudge* de chocolate.

De repente, se produjo un alboroto fuera.

Un conductor había atropellado de refilón a un niño que salía del local cucurucho en mano y había huido. El niño estaba asustado, pero seguía en pie. Los que pasaban habían anotado el número de matrícula del coche, pero estaban dando vueltas sin saber cómo actuar.

Ross se hizo cargo de la situación. Con amabilidad hizo entrar al niño de nuevo en el local y lo examinó para asegurarse de que no tenía lesiones graves. Pidió otro cucurucho para el niño, que se llamaba Peter, e incluso le contó un par de chistes para animarlo. Llamó a la madre del pequeño desde su teléfono móvil y esperó hasta que llegó la policía.

Heather observó con admiración. Ross no había sentido pánico. Se había hecho cargo de la situación y parecía saber de manera instintiva lo que había que hacer. Pero, más que eso, Ross había tratado al niño con suma amabilidad, casi como si fuera su propio hijo. Heather no tenía palabras para describir la emoción que le causaba el carácter del hombre. Vio en su amabilidad una tremenda fuerza. Ese único episodio le mostró la profunda bondad de su corazón. Le mostró a Heather quién era Ross. Algo quizás aún más importante, le mostró a Heather lo que ella misma quería.

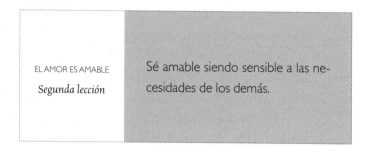

EL AMOR ES AMABLE

Segunda lección

Sé amable siendo sensible a las necesidades de los demás.

LA AMABILIDAD ESCUCHA

¿Tu pareja presta atención? ¿De verdad te escucha? Incluso en el amor, solemos olvidar la amabilidad; parece que inventemos excusas para evitarla: un mal día en el trabajo, una noche de dormir poco. En ocasiones, estamos demasiado preocupados con nuestros propios asuntos, pensamientos, planes y distracciones para considerar a la otra persona.

Una de las mejores maneras de mostrar amabilidad es escuchando. Por desgracia, no somos buenos en eso. Recuerdo una historia que Walter Cronkite, el famoso presentador de noticias de la CBS, contó en *Around America*, sus recuerdos de gentes y lugares a lo largo de las costas de América.

Muestra amabilidad escuchando.

A Walter Cronkite le encantaba navegar. En ese día en particular estaba navegando por el Mystic River, en Connecticut. Cuando su barco, *Wyntje*, fue pasado por otro buque, los jóvenes que había a bordo gritaron: «¡Hola, Walter! ¡Hola, Walter!» Walter estaba encantado de que lo recordaran y lo reconocieran.

Así que se quitó su gorra y saludó. Cuando su balandro se acercó al otro barco, los gritos de la tripulación se redoblaron: «¡Hola, Walter! ¡Hola, Walter!» Él hizo una pequeña reverencia y saludó.

—Yo respondí a sus amables saludos —recordó Cronkite— y mi fiel compañera [su esposa Betsy] me dijo: «¿Qué crees que estaban gritando?»

—Eh, «Hola, Walter» —repliqué.

«No —dijo ella—. Estaban gritando una advertencia. ¡Aguas bajas!»*

Él oyó lo que quería oír.

---

* Las expresiones «Hello, Walter» y «Low water» suenan similar en inglés. (N. *del* T.)

> *Con el paso de los años me doy cuenta de que a Michelle le interesa menos que le regale flores que el hecho de que yo haga cosas que son difíciles para mí: disponer de tiempo. Para ella eso es prueba, evidencia de que estoy pensando en ella. Aprecia las flores, pero para ella el romanticismo es que yo esté prestando atención a cosas que a ella le importan, y el tiempo siempre es un factor importante.*
>
> PRESIDENTE BARACK OBAMA

Con demasiada frecuencia no vemos las cosas como son, sino como somos nosotros. Eso es lo que descubrió un hombre joven. La relación que había formado con su novia se estaba desarrollando, y el hombre estaba meditando el matrimonio.

Para asegurarse de que no había nada en el pasado de la mujer que pudiera avergonzarlo, contrató a una agencia de detectives para que la investigara. La agencia asignó a un detective al que no se le comunicó la identidad del cliente.

Cuando el detective hizo el informe dijo: «La joven es una persona espléndida, salvo por una desafortunada mácula. Últimamente ha estado saliendo con un hombre de negocios de cuestionable reputación.»

¡Ya lo creo!

¿Te felicita con frecuencia o nunca? ¿Siempre te presenta bajo una luz favorable cuando estás con otros? ¿O te critica delante de otras personas, burlándose de ti y de tus atesoradas ideas, gustos u opiniones?

—Mi prometido —me contó una mujer— suele menospreciarme delante de nuestros amigos. Dice que me quiere y que sólo quiere ayudarme a que sea una persona mejor. ¿Cómo puedo convencerle de que se guarde sus críticas para nuestros momentos de intimidad?

En todas las relaciones humanas deberíamos prestar atención a lo que la gente hace más que a lo que la gente dice. El prometido de esta mujer dice que la quiere, pero su conducta, menospreciarla delante de sus amigos, dice otra cosa.

> Nunca te cases con un hombre que no te halaga.

No se me ocurre cómo el hecho de que la menosprecie puede ayudarla a convertirse en una persona mejor, como asegura él. Hay pocas cosas más devastadoras que un ser humano puede hacer con otro que menospreciarlo en público. La mayoría de nosotros tenemos egos frágiles, que se aplastan con facilidad. Sería mejor que su prometido la halagara delante de los demás en lugar de menospreciarla. Hasta Homer Simpson puede llegar a casa con un cumplido: «Marge, eres tan hermosa como la princesa Leia y tan lista como Yoda», le dijo a su siempre sufrida esposa.

Si tu prometido no es capaz de hacerte un cumplido —si no llega ni a la altura de Homer Simpson—, ¡no te cases con él!

Querido padre Pat

Querido padre Pat: Mi novio tiene un trabajo estresante que le exige mucho. Yo eso lo respeto, y comprendo que ha de trabajar mucho. Pero hasta cuando estamos juntos, bueno, está mirando su BlackBerry o hablando por el móvil con clientes. ¿Debería dejarlo estar? Firmado: Relegada.

Querida Relegada: Prestar atención es otra forma de mostrar amor, así que si tu novio se queda corto en ese aspecto, es hora de que seas tú la que preste atención. Siéntate y habla con tu novio —o envíale un *mail* o llámalo a su BlackBerry— y dile cómo te sientes con la situación. Es probable que te dedique unas palabras bonitas para hacerte sentir mejor. Eso está bien, pero si esas palabras no vienen seguidas de acción, es hora de dejarlo.

P.D. Ten cuidado de las cosas de las que te desentiendes en tu relación prematrimonial. Puede que no sea tan fácil desentenderte de ellas en tu matrimonio.

La empatía es una parte importante de la amabilidad. Es la única forma de sentir experiencias, necesidades, aspiraciones, frustraciones, penas, alegrías, angustias, dolor o hambre de otra persona como si fueran tuyas. Empatía significa poner tu oreja en el corazón del otro y preguntar: «¿Quién eres en realidad? ¿Qué necesitas?»

Todo el mundo conoce ese maravilloso viejo proverbio chino: «Dale a un hombre un pescado y tendrá comida para ese día. Enseña a un hombre a pescar y comerá toda la vida.» Quizá conozcas incluso algunas de las variaciones: enseña a un hombre a pescar y podrás venderle el equipo de pesca; enseña a un hombre a pescar y si no le gusta el *sushi* también tendrás que enseñarle a cocinar; o enseña a un hombre a pescar y se sentará en el barco a beber cerveza todo el día.

Bueno, hay una versión de esta historia que me encanta, y no tiene nada que ver con beber cerveza. Un niño pequeño fue a pescar con su abuela mientras sus padres estaban de vacaciones. El niño iba equipado con una caña de juguete con un gancho de plástico con la que no podría pescar nada, pero su esperanza y su espíritu estaban en lo más alto. ¡Iba a pasar el día con su querida abuela, e iban a ir a pescar!

Fueron al estanque. Veamos, ese estanque puede que fuera hermoso para un cuento —aguas de color azul profundo rodeadas por frondosos árboles—, pero no había ningún pez. Lo mismo podrían haber ido a pescar en la bañera. Sin embargo, el chico y su abuela pasaron una encantadora tarde. La abuelita compartió algunas viejas historias con su nieto, que a su vez la deleitó con sus chistes favoritos. Juntos disfrutaron de una cesta de pícnic llena de sándwiches de mantequilla de cacahuete, leche chocolateada y bocaditos de arroz tostado de la abuela. Habría sido un día perfecto salvo por un detalle: no pescaron nada.

El chico era tan paciente como puede serlo un niño pequeño, y trató de ocultar su decepción cuando, después de un par de horas, su abuela le dijo que era hora de volver a casa. Al prepararse para volver, el niño miró decepcionado por la ventanilla hacia el río que discurría en paralelo a la carretera. Su abuela, dándose cuenta de la profunda desesperación del niño, aparcó delante de una tienda de comestibles y le pidió al chico que esperara un momento mientras ella entraba.

Cuando sea posible, sé amable.
Siempre es posible.
DALÁI LAMA

Al volver al coche dijo:

—Me da la sensación de que al final vas a pescar algo.

En la cocina, puso una gran olla en la mesa y vació el contenido de la bolsa de la tienda: tres pescados blancos ahumados. Le dio al niño su caña de pescar y dijo:

—Vamos a ver lo buen pescador que eres.

Espero que la futura mujer de este niño tenga la oportunidad de dar las gracias a esta amable abuela, porque su empatía —su capacidad de mirar a este niño pequeño y ponerse en su posición— ayudó a que el niño se respetara a sí mismo y se situara en el mundo.

La verdad es que le enseñó a pescar.

<table>
<tr><td>EL AMOR ES AMABLE
Cuarta lección</td><td>La empatía pone la oreja en el corazón del otro y pregunta: «¿Quién eres en realidad? ¿Qué necesitas?»</td></tr>
</table>

APRECIA LO BUENO

La definición de amabilidad es amplia. Diría que incluye buscar lo bueno en todas las relaciones ordinarias con otra persona. Más que pensar en problemas e inconvenientes, hace hincapié en los buenos tiempos y las buenas cualidades. En la galería de nuestras mentes podemos elegir colgar recuerdos de infelicidad o podemos colgar imágenes de tiempos pacíficos y afectuosos. Elegir recordar y apreciar lo bueno provoca una gran diferencia en la calidad de las relaciones, de manera que practicar la amabilidad reparte en igual medida acción y emoción.

Practica la amabilidad

❧ Escribe una carta de corazón a tu pareja.

❧ Hazle sentir que es una presencia bienvenida en tu vida.

❧ Muestra interés en su bienestar.

❧ Cuéntale lo que te gusta de él (aunque te cueste pensar en una virtud particular ese día).

❧ Haz algo especial para alguien al que amas cada día.

Por tentador que pueda ser sucumbir a expresar quejas insignificantes (conducta que casi siempre está motivada por la urgencia egoísta de «tener razón»), usa la amabilidad como medio de comunicación.

Estate atenta a las demostraciones espontáneas de amabilidad y ofrécelas tú. Pueden ocurrir de manera muy inesperada y aun así revelar mucho. El marido que devuelve el libro de su mujer a la biblioteca (¡y paga la multa!) y la mujer que de manera inesperada recoge a su marido de una reunión que termina tarde: los dos conocen el valor de un gesto amable y amoroso. Conocen el valor de su relación.

No olvides la magnanimidad, que es algo más grande y más profundo que la generosidad. ¡Qué maravillosa virtud es ésa! La magnanimidad, que tiene mucho que ver con la justicia, significa apreciar las virtudes de la pareja, incluso cuando sus debilidades se sitúan en primer plano. Significa una determinación diaria para dar, de manera voluntaria y alegre, más de lo que hace falta.

Cuando estaba en el instituto, jugábamos al rugby. Los miembros del equipo universitario se reunían una vez al año para elegir un capitán para la siguiente temporada. Todos teníamos diecisiete o dieciocho años.

Uno de los chicos había repetido su último año en el instituto, sólo porque quería ser el capitán del equipo de rugby. Pero no funcionó. Me eligieron capitán a mí. Todavía lo veo, sentado en la clase, con sus esperanzas aplastadas. Aun así, se acercó a darme la mano. Ese gesto tuvo un enorme impacto en mí. Su plan no funcionó, pero se quedó durante el año y nos ayudó a ganar todos los partidos. Eso es magnanimidad.

Consejo matrimonial

❦

Deja que tu amor sea más fuerte que tu odio
y rabia.
Aprende la sabiduría del compromiso,
porque es mejor doblarse un poco que quebrarse.
Cree en lo mejor y no en lo peor.
La gente tiene una forma de estar o no a la altura
de tu opinión de ella.
Recuerda que la verdadera amistad es la base de
cualquier relación duradera.
La persona con quien eliges casarte merece las cortesías
y amabilidades que confieres a tus amigos.
Por favor, transmite esto a tus hijos y a los hijos
de tus hijos.

JANE WELLS

(1886)

SÉ AMABLE CONTIGO MISMA

Si eres como la mayoría de las mujeres, te desvives por ser amable con tu pareja. Pero ¿te tratas a ti misma con la misma amabilidad? ¿Te escuchas a ti misma con el corazón abierto? ¿Estás prestando atención?

Plantéate esta pregunta: «¿Por qué he decidido casarme con él?» Tómate tiempo para estar tranquila y ser introspectiva. Sé fiel a ti misma —sé amable— y responde con honradez. Puede que la respuesta que encuentres no sea la que estabas buscando.

Yo insisto en preguntar a los hombres y mujeres que acuden a mí en busca de orientación prematrimonial por qué se van a casar. La mayoría de las respuestas son hermosas y perspicaces. Algunas, no obstante, son problemáticas:

- Me caso para dejar de vivir con mis padres.
- Me caso con él porque es rico.
- Me caso porque no quiero estar solo.
- Me caso porque estoy embarazada.
- Me caso para rescatarle; su vida será un desastre si no lo hago. (Obviamente esta mujer no conocía este consejo de Mae West: «No te cases con un hombre para reformarlo. Para eso están los reformatorios.»)

Las parejas que se casan por razones como éstas lamentarán su decisión. Es como lo que oí una vez: el matrimonio es como una cafetería. Eliges lo que tiene buen aspecto y después lo pagas.

EL AMOR ES AMABLE

Sexta lección

Planteaos la pregunta: «¿Por qué he decidido casarme contigo?» Asegúrate de estar a gusto con las respuestas.

¿Por qué te casaste?

❧ Una sencilla cuestión de lógica. Nos amábamos y queríamos formar una familia juntos. (Keri S.)

❧ Es el hombre más amable que he conocido. (Betsy F.)

❧ Me enamoré perdidamente. Y eso no es fácil. (Karen B.)

❧ Me hace reír. (Ellen R.)

❧ No puedo imaginar mi vida sin él. (Gretchen T.)

❧ Es mi mejor amigo. (Jenny T.)

❧ Fue amor a primera vista. Fue hace veinticinco años. (Keesha W.)

❧ Creía en mí. (Monica F.)

❧ Queríamos las mismas cosas de la vida. (Lucy R.)

❧ Me gustaba la forma de su cuello. (Mi madre, Patricia Margaret)

¿La amabilidad está entre las cualidades que admiras en tu futuro marido? Eso espero. Y espero que aproveches la oportunidad de considerar qué otras cualidades admiras en él.

Podrías admirar en él una cualidad que no tenga nada que ver con estar felizmente casada con él: como la amabilidad, o que sea un buen contador de historias o el alma de la fiesta ¡o que sea demócrata o republicano! Pero estate atenta a las cualidades que hacen un buen marido. ¿Sabe escuchar? ¿Es adaptable, leal y amable? ¿Es tu amigo?

En una pareja que cultiva la amistad ambos disfrutan de la compañía del otro; respetan las opiniones del otro; hacen toda clase de cosas juntos. ¿Eres más feliz cuando tu pareja está cerca? Si la respuesta es sí, es un hombre a considerar.

«Cuando encuentras al hombre adecuado, lo sabes —me dijo una vez una mujer felizmente casada—. Mi marido y yo nos conocimos jugando al béisbol para el equipo del trabajo. Era un partido benéfico, y aunque se suponía que era un día alegre fuera de la oficina, todo el mundo estaba tenso y competitivo. Bueno, él era el *pitcher* y yo jugaba de segunda base. Él era buen jugador, y yo era bastante buena, aunque al parecer no lo suficiente. Fallé una bola en la novena entrada y perdimos el partido. Bueno, me sentía fatal por haber decepcionado a mi equipo, pero mi ahora marido se dio cuenta de lo mal que me sentía y se acercó a consolarme. Hizo un chiste malo sobre llegar a la segunda base y desde entonces fuimos amigos. Construimos nuestra relación a partir de ahí.»

Las siete lecciones de
El amor es amable

1. Cultiva la amabilidad en tu vida y plantarás las semillas de la amabilidad en tu matrimonio.

2. Sé amable siendo sensible a las necesidades de los demás.

3. Muestra amabilidad escuchando.

4. La empatía pone la oreja en el corazón del otro y pregunta: «¿Quién eres en realidad? ¿Qué necesitas?»

5. Elige recordar y apreciar lo bueno.

6. Planteaos la pregunta: ¿Por qué he decidido casarme contigo? Asegúrate de estar a gusto con las respuestas.

7. La amistad es el terreno sólido sobre el que se construye el matrimonio.

CUATRO

El amor no es envidioso ni jactancioso ni arrogante ni grosero

Querido padre Pat

Querido padre Pat: Me encanta bailar, pero mi novio siempre rechaza mis invitaciones a bailar conmigo. Cuando estoy bailando con otros chicos, noto que nos mira. ¿Cómo puedo ayudarle a que le guste bailar y a que deje de mirar? Firmado: Sin bailar con las estrellas.

Querida Sin Bailar: Es probable que nunca logres que a tu novio le guste bailar, y probablemente las miradas muestran la presencia de los celos. Charla con él sobre ese feo defecto. Si persiste en su conducta cargada de celos, ¡déjalo!

La envidia y los celos son tan complejos como desconcertantes. Y ambos son destructivos.

La envidia es dolor por la buena fortuna de otros. Es un sentimiento que suele ser intenso y produce desagrado y resentimiento al ver el éxito, la ventaja y la prosperidad de otro. Puede teñirlo todo y eclipsar hasta el momento más feliz. Para un hombre regido por la envidia, un cumplido a una persona es un insulto a él.

La envidia estimula la crueldad y es el más inútil de todos los vicios. No produce placer. Sólo te corroe el espíritu.

La envidia es el arte de contar las bendiciones ajenas en lugar de las tuyas.

HAROLD COFFIN

Es importante distinguir entre envidia y celos. La envidia es un acto solitario; los celos son un trío.

Los celos son una emoción negativa alimentada por el temor de la pérdida. Un persona celosa cree que debe custodiar lo que está más en riesgo de perder, y suele estar consumida por ideas de esta pérdida, real o imaginada. Los celos agitan la imaginación y nos hacen pensar en lo peor. Pueden ser irracionales y destruir hasta las relaciones más fuertes. Causan inquietud, tanto en la persona que los siente como en la persona que es objeto de ellos.

Los celos son un ingrediente peligroso en cualquier relación, porque pueden arrebatarte la libertad de disfrutar de una vida libre y responsable. No puedes vivir y amar plenamente si alguien está celoso de ti o si tú estás celoso de alguien.

EL AMOR NO ES ENVIDIOSO *Primera lección*	La envidia y los celos son ingredientes peligrosos en cualquier relación.

LA HISTORIA DE LISA

Lisa y Jeff eran una de esas parejas hechas para estar juntas. Todos lo decían. No hacía mucho tiempo que salían —sólo cuatro meses—, pero eran inseparables. Las exhibiciones públicas de afecto eran la norma de esta joven pareja. Siempre se daban la mano, enseguida se besaban y se abrazaban. Empezaron a salir varias veces por semana y no pasaba un día sin que hubiera un ir y venir de mensajes de correo, mensajes de texto y llamadas telefónicas.

Una tarde, en una fiesta, Jeff fue a la barra a pedir bebidas cuando se fijó en que Lisa estaba bailando con otro hombre. Hizo una pausa para ver lo que ocurriría cuando se detuviera la música. Los dos —Lisa y su nuevo amigo— se sentaron a la mesa para charlar. El hombre se inclinó hacia ella para susurrarle al oído; ella se rio de lo que él dijo. Parecían muy amiguetes. Lisa incluso le puso la mano en el hombro de manera afectuosa.

Fue entonces cuando Jeff sintió que le hervía la sangre.

Le dio un ataque de celos, tiró las bebidas al suelo y corrió hacia la mesa.

—¡Esto es increíble! —gritó, agitando los brazos—. Lisa, ¿qué está pasando aquí? Me alejo un minuto y encuentras a otro. ¡Sabía que no podía confiar en ti!

Lisa levantó la mirada hacia él, todavía intentando mantener la compostura, y dijo:

—Me gustaría presentarte a mi primo.

Le dijo a Jeff que habían terminado y se fue de la fiesta.

> *La mayor diversión de la que eran capaces*
> *eran los celos.*
> ERICA JONG

Jeff la persiguió durante días, rogándole que lo perdonara y que aceptara sus sinceras disculpas.

—Lisa, lo siento mucho —rogó—. He sido un idiota. Un auténtico idiota. Lo que pasa es que te quiero mucho. No podía soportar perderte. No sé lo que me ocurrió.

—Jeff —razonó ella—, no confiabas en mí. ¿Estaba al otro lado de la sala y no eras capaz de confiar en mí desde esa distancia? ¿Qué conclusión he de sacar?

—Lo sé… Lo sé… —replicó él—. Es sólo que, bueno, estabas tan hermosa esa noche. Estaba tan orgulloso de ti… y ese tipo. Bueno, es guapo y nunca lo había visto antes. Lisa…, oh, Lisa… Todo se derrumbó. Nunca me había sentido así antes. Con nadie. Los sentimientos me asustaron.

Continuó durante días. Lisa estaba enfadada, y después triste. También estaba preocupada al ver la nueva cara del hombre del que se estaba enamorando. Pero lo echaba de menos: la forma en que se reía, la forma en que la hacía sentir. Todo el mundo puede cometer un error, razonó. Si lo amo, ¿debería perdonarlo?

Así que Lisa y Jeff volvieron a salir. Lisa veía algún indicio de sus celos de cuando en cuando —un ligero exceso de preguntas cuando ella salía con amigos, por ejemplo—, pero se daba cuenta de que Jeff estaba esforzándose por comportarse del modo en que sabía que debía hacerlo y nunca volvió a producirse otro incidente. Aun así, cuando decidieron casarse al cabo de unos meses, Lisa insistió en que vinieran a verme. Quería asegurarse de que ella y Jeff tenían una relación fuerte. Quería asegurarse de que se apoyaban entre ellos, quería estar segura de que cuando las cosas se pusieran complicadas no se repetiría una actuación como la del anterior incidente.

> *Los celos son a una relación lo que el viento*
> *es a una roca, puede desgastarla*
> *con el tiempo.*

—Aquí es donde interviene vuestra espiritualidad —les dije para empezar—. Y es donde el predicador que hay en mí interviene.

Lisa parecía un poco preocupada, como si yo fuera a sugerirles que se arrodillaran y rezaran. Le dije que se relajara, que estaban a salvo en ese frente hasta el domingo siguiente. Entonces lancé lo que esperaba que no fuera un sermón.

—Creo que todos estamos hechos a imagen y semejanza de Dios —dije—. Ésa es la verdad de lo que somos, y es una verdad poderosa. Esa verdad de nuestro ser contiene una serie de atributos, y esos atributos (como el amor) pueden expresarse en una grandeza de corazón que supera la envidia y los celos.

Jeff y Lisa parecían un poco desconcertados.

—Vale, me doy cuenta de que no me estáis entendiendo —dije—. No hay que preocuparse. Ese discursito es como mi viejo coche. A veces funciona. A veces no.

> *Nunca te cases con un hombre que no sepa controlar sus celos.*

Decidí adoptar un enfoque más laico. Les hablé de una pareja a la que acababa de aconsejar y que se había enfrentado a problemas similares de celos y envidia. El marido hacía amigos con facilidad —tanto hombres como mujeres— y esto causaba un gran sufrimiento en la mujer. No es que no confiara en él, sino que lamentaba no tener el mismo talento para la amistad. Eso era envidia. Cuando ella se sinceró un poco más, confesó que estaba preocupada de que su marido pudiera encontrar a una de aquellas mujeres más interesante y atractiva que ella. Eso eran celos.

Su marido estaba afectado por lo que ella había dicho y lamentaba haberle hecho daño de manera inesperada. La mujer se sintió mejor por expresar sus temores. También estaba sorprendida de que sólo hablar de sus celos la hiciera sentir mejor. Ése era el primer paso. Una vez que el marido comprendió que sus nuevas amistades estaban amenazando a su mujer, accedió a no expandir su círculo de amigas. Esta pareja comprendió que la envidia y los celos eran un problema en su relación, y se comprometieron a abordarlo juntos. Ése fue el segundo paso.

Lisa y Jeff tenían ventaja, porque ya habían tratado los celos de Jeff entre ellos. Volvieron durante varias sesiones, durante las cuales los tres exploramos no sólo las raíces del miedo de Jeff, sino la naturaleza misma de los celos. Lisa estaba tratando de entenderlo, mientras Jeff estaba tratando de superarlo. Jeff se dio cuenta de que los celos podían crear rivales donde no había ninguno. Además, se dio cuenta de lo destructivos que podían ser los celos para el impulso de su relación. Jeff y Lisa trabajaron en este problema con dedicación y amor. Y cuando entendieron que no hay emoción que no pueda superarse, que los sentimientos no están bien o mal en sí mismos, sino que lo que cuenta es lo que haces con ellos, comprendí que estaban en el buen camino para construir el matrimonio feliz que ambos querían.

Los sentimientos no están ni bien ni mal en sí mismos. Lo que cuenta es lo que haces con ellos.

NO SER MENOS QUE EL VECINO

Un joven casado acababa de conseguir trabajo de arquitecto. Era su primer trabajo profesional después de licenciarse, y no era poca cosa. Le gustaba destacar en su nueva carrera y también impresionar a sus nuevos colegas. Aparentemente, su ego había crecido junto con sus capacidades, y enseguida empezó a instar a su mujer para que vendieran el cacharro familiar y lo cambiaran por otro más lujoso.

—Un arquitecto ha de tener un coche que sea una declaración personal —dijo— y nuestro coche nos hace quedar como aburridos, convencionales y pobres.

Su mujer rio.

—Bueno, no entiendo eso de aburridos y convencionales, pero esos créditos de estudiantes nos han dejado muy cerca de la pobreza.

> *La envidia es un vicio inútil. Su satisfacción es de corta duración. No te proporciona ningún placer, y no se alegra del éxito de los demás.*

—Nadie me tomará en serio si me ven conduciendo ese trasto.

Su mujer trató de convencerlo de que no se comprara el coche. Le recordó no sólo sus créditos estudiantiles, sino también su acuerdo de ahorrar para pagar la entrada de una casa. El coche estaba en tercer lugar en la lista de prioridades compartida. Pero él insistió.

—Vamos, cielo —le susurraba—, vamos a venderlo y compramos otro.

Ella transigió.

Sin embargo, el placer que proporcionó el vehículo duró poco. La satisfacción del marido derivada de su nuevo coche llevó a un deseo de ropa nueva, un apartamento más grande y frecuentes salidas nocturnas a los sitios más de moda. Era una vida glamourosa, pero no era la vida en la que los dos jóvenes se habían embarcado juntos. Al menos eso era lo que pensaba la mujer. Trató de hablar con su marido sobre ello.

—Cielo —dijo ella—, me casé con un hombre y te estás convirtiendo en otro. Ya no entiendo lo que quieres.

—Oh, eso no es verdad —protestó—. Sólo quiero que tengamos lo que nos merecemos en la vida.

—Lo que merecemos es un matrimonio con amor y felicidad, un futuro con niños y un hogar. Antes eso te motivaba. Ahora… —y aquí rompió a llorar— pareces motivado sólo por la envidia, por ese deseo perverso de no ser menos que el vecino.

Querido padre Pat

Querido padre Pat: La actividad favorita de mi novio es comprar ropa cara. Luego quiere ir a restaurantes caros para exhibirla. Yo prefiero comer en casa y ponerme ropa cómoda. ¿Cómo puedo cambiarlo para que le guste una vida más sencilla? Firmado: Presupuesto bajo.

Querida Presupuesto Bajo: ¿Cambiarlo? ¡Olvídalo! Constituye un riesgo inaceptable para el matrimonio. Me temo que es así de simple.

Su marido escuchó, incluso trató de desactivar la situación con un chiste malo, pero al final no hizo caso. No cambió sus maneras derrochadoras ni se dio cuenta de lo mucho que su envidia lo había dañado a él y a su relación. Hasta que fue demasiado tarde. El matrimonio terminó en divorcio.

En los años setenta —me refiero a la década de 1970 y no, como muchos podrías pensar, a la de 1870— hubo una película de gran éxito llamada *Love Story*. Lacrimógena donde las haya, *Love Story* seguía el patrón de chico conoce chica, chico conquista chica, chica muere trágicamente, chico lamenta el amor perdido. *Love Story* causó una gran impresión en los espectadores de todo el mundo y no sólo por la extravagante tragedia de su trama. *Love Story* era significativamente popular por una frasecita pegadiza: «Amar es no tener que decir nunca lo siento.» Cuando Ali MacGraw pronunció esas palabras, algo cambió en el mundo. No puedo decirte la cantidad de veces que la gente se repite esas palabras con la más profunda sinceridad y fe. «Amar es no tener que decir nunca lo siento.» A lo cual yo digo: ¡qué estupidez!

Nunca te cases con un hombre que no sabe pedir perdón.

EN LA CASITA DEL PERRO

¿El hombre con el que vas en serio es capaz de decir «Me he equivocado»?

Durante su compromiso, una mujer adoptó un cachorro. Su prometido llegó a su casa, se encontró al perrito y se le ocurrió la idea de construirle una casita en el patio.

—Cielo —dijo—, esta casita quedará perfecta en el exterior de tu casa y será la envidia del barrio. Mañana iré a la ferretería a comprar los materiales.

Ese fin de semana, se montó el taller en el sótano y empezó la construcción.

—Es una casa muy grande para un perro tan pequeño —dijo ella.

—Ya verás —la tranquilizó él—, voy a construirla a escala.

—Cielo —le instó ella con amabilidad—, ¿estás seguro de que no va a ser demasiado grande?

Él la miró con cara de «sé lo que me hago», así que ella dejó que se las apañara.

Al cabo de alrededor de una semana, el proyecto estaba completado. Era hermosa, vaya que sí: madera blanca con postigos negros y una puerta roja, era el espejo de la casa de su prometida. La pareja se entusiasmó haciendo los preparativos para sacar la casita al jardín. La subieron con cuidado por la escalera del sótano para salir por la puerta de atrás. Hasta que llegaron a la puerta no se dieron cuenta de que la casita era demasiado grande para pasar por ella. Probaron todas las formas posibles de sacar la casa del perro del sótano, pero fue inútil. La casa sencillamente era demasiado grande. Al novio en ciernes no le quedó otra opción que admitir que había cometido un gran error al no medir el marco.

—Lo siento —dijo con sencillez. Y a los dos les dio un ataque de risa.

Esa casa de perro se ha convertido en una especie de chiste para la joven pareja, un símbolo tanto de la terquedad como del perdón. Cada vez que marido o mujer hacen algo mal, no es raro que se miren y digan con una sonrisa:

—Supongo que estoy en la casita del perro, ¿eh?

EL AMOR NO ES ENVIDIOSO *Tercera lección*	En ocasiones el amor requiere decir «lo siento».

SAGRADA INDEPENDENCIA

El amor no es orgulloso.

La persona humilde no se ve como el sol en torno al cual han de girar los demás planetas, sino que intenta ver a todas las demás personas en su sagrada independencia. No hace falta que sepas que estoy citando al antiguo secretario general de las Naciones Unidas Dag Hammarskjöld para saber que hay una montaña de verdad en esa «sagrada independencia».

Vale la pena considerar estas palabras por separado para acercarnos a su belleza y fuerza. Todos sabemos que relacionamos lo sagrado con Dios y la religión, es decir, algo dedicado a un propósito religioso o espiritual. Siendo sacerdote, bueno, es lo que cabe esperar. Pero «sagrado» también significa digno de tu dedicación. Piensa en ello: tu dedicación a tus amigos, tu familia, tu trabajo, todo puede ser sagrado en su significado y aplicación. ¿En cuanto a la independencia? Es la guinda del pastel, porque ser independiente significa no estar sujeto al control ni a la autoridad de nadie. Significa que cada uno de nosotros es igual al otro, sin que importen las circunstancias.

Bendición nupcial

Que tu marido deposite su confianza en ti y reconozca que eres igual a él y heredera con él de una vida en la gracia.

Conozco una encantadora historia que habla de cuando Gandhi llegó a un pueblo de la India en tren, durante la época en que lideraba a los indios en su lucha por conseguir la independencia del Reino Unido. En un extremo del andén se hallaban los dignatarios de la ciudad, adecuadamente ataviados. En el otro extremo del andén, tras un cordón de seguridad, estaban los intocables.

Ya puedes adivinar qué ocurrió. Gandhi no hizo caso de los dignatarios y caminó directamente hacia los intocables, a cada uno de los cuales veía en su sagrada independencia. Los llamó *hariyan*, hijos de Dios. Sólo después de presentar sus respetos a los *hariyan* se dirigió a los dignatarios, a los cuales, podemos estar seguros, también veía en su sagrada independencia.

> *La primera de las bendiciones terrenas:*
> *la independencia.*
> EDWARD GIBBON

Piensa en cómo se aplica esto a tu relación. Sois dos partes separadas pero iguales que os habéis consagrado el uno al otro por vuestro propio amor y con libre albedrío. Seguís siendo vuestra propia persona —y mucho—, pero también formáis parte de algo más grande que vosotros mismos, un matrimonio que habéis creado a partir del deseo y la devoción. ¿Se os ocurre algo más sagrado que eso?

> *Ten paciencia con todo lo que está sin resolver en tu*
> *corazón. E intenta amar las preguntas mismas.*
> RAINER MARIA RILKE

¿CLARK KENT O SUPERMAN?

La palabra «humildad» en ocasiones tiene mala reputación en este mundo moderno. Evoca la imagen de Clark Kent, no la de Superman, la de buenas personas que terminan últimas. Nada más lejos de la verdad. La persona humilde puede tener confianza; de hecho, suele tenerla. La persona humilde sabe quién es y no necesita envolverse en una capa de arrogancia.

Guárdate de cultivar una relación
con un hombre que no sea humilde.

La persona humilde usa el arte de la conversación como una de las maneras de descubrir la verdadera naturaleza de otra persona. «La conversación apropiada y animada de un hombre con una mujer es el propósito más importante y noble del matrimonio», escribió el recién casado John Milton.

¿El hombre que amas es capaz de una conversación apropiada y animada? Sus respuestas revelarán mucho. Tanto si es humilde como si no, estas charlas de exploración son, o deberían ser, experiencias fascinantes. ¿Qué piensa tu novio de la humildad? ¿Tu novio intenta verte en tu «sagrada independencia»?

LAS REGLAS SE HAN HECHO PARA ROMPERSE

Muchos hombres y mujeres se adhieren a teorías y normas en sus vidas de novios. Las normas —y he oído algunas bien duras— abarcan cualquier cosa, desde quién llama a quién y cuándo o quién paga la cena hasta cuántas citas hay que tener antes de intimar más o dejarlo estar.

No me siento a gusto con este enfoque encorsetado de las citas, sobre todo en los primeros días de una relación. Reglas y regulaciones son rígidas y pueden no tener en cuenta los sentimientos del otro. Además, las reglas pueden convertirse rápidamente en ultimátums, y eso no es bueno para nadie. Las reglas también alientan un punto de vista competitivo de las citas que enfrenta a uno con el otro, y podrían incluso desalentar a hombres y mujeres de ver cada nueva relación como una posibilidad completamente nueva.

Una mujer me contó una vez en un curso de orientación prematrimonial su filosofía de las citas:

—Esta teoría de los tres meses se me ocurrió en la universidad —explicó—. Era sólo una de esas cosas que observé por mí misma. Después de tres meses, las cosas empezaban a derrumbarse.

Me pregunté si era una teoría o una profecía que acarreaba su propio cumplimiento.

La mujer continuó:

—También convertí en regla no contribuir nunca a pagar la cena en las tres primeras citas. Y nunca lo llamaba durante el primer mes.

—Lo cual complicó las cosas —añadió su prometido—. Perdí mi móvil en el que tenía su número y tuve que encontrarla por medio de su compañero de laboratorio.

Él continuó, pasando a la cuestión de las «regulaciones» masculinas:

—¿Cuántas veces oyes normas como que si una chica te da el número de teléfono has de esperar tres días antes de llamarla? Bueno, para no parecer demasiado interesado —explicó.

—O desesperado —añadió su prometida.

—Si conseguía el número de una chica —continuó él—, ¿eso significaba que tenía que llamarla ese día? ¿Al día siguiente? Estaba desconcertado. Uno no quiere parecer vulnerable ni necesitado.

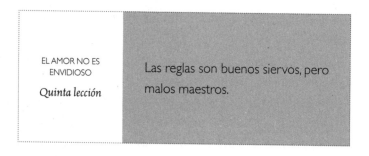

EL AMOR NO ES
ENVIDIOSO

Quinta lección

Las reglas son buenos siervos, pero malos maestros.

Pero ¿cuándo la noción de «no estar necesitado» niega tus necesidades? ¿Y cuándo ese «no estar necesitado» se convierte en grosería?

Las reglas pueden convertirse en grosería cuando no se trata al otro con respeto.

El amor no es arrogante ni grosero.

Hace años estaba jugando al tenis en una pista pública de Nueva Jersey. En la pista de al lado había una pareja joven. Él le estaba enseñando a jugar a ella. No pude evitar fijarme en que cada vez que ella cometía un fallo, él no se limitaba a corregirla, sino que lo hacía de una manera que la hacía quedar como tonta. Por supuesto, cuanto más se burlaba de ella, peor lo hacía la chica. Siendo patológicamente incapaz de ocuparme de mis asuntos, quise pasar a la otra pista y gritarle a la joven: «Si estás pensando en casarte con este zopenco, ¡olvídalo! ¡No lo hagas! ¡Déjalo ahora mismo!»

No lo hice, el joven tenía la corpulencia de Arnold Schwarzenegger y yo estoy afiliado al partido de los cobardes.

Con mucha frecuencia me pregunté si el joven de la pista de tenis era el novio que era objeto de los temores de una joven mujer. En este caso la mujer en cuestión no era la novia, sino su mejor amiga, que acudió a mí cuando le pidieron que actuara de dama de honor en la boda.

—El problema es —explicó ella— que no tengo buena opinión del prometido. Tiene una forma de hablar de ella que al principio suena como un cumplido o a veces como un chiste, pero que inevitablemente se revela como un insulto inteligentemente expresado. No hay ningún tema, da igual que sea el peso de mi amiga o su familia, que sea inmune a la gimnasia verbal de él.

> Nunca te cases con un hombre que hace bromas a costa tuya.

La joven aceptó ser dama de honor a pesar de sus temores. Para su horror, cuando finalmente llegó el día de la boda, el padrino, que había sido el compañero de habitación del novio en el internado, se levantó para brindar en el banquete. Delante de doscientas personas dijo:

—Me gustaría felicitar al novio por haberse decidido por fin a quedarse con sólo una mujer. Sé que hace falta mucho dominio de sí mismo, pero a la avanzada edad de treinta y dos años, ha madurado en cierto modo. Antes de brindar por el novio y la novia, me gustaría pedir a todas las mujeres con las que ha salido el novio que por favor se acerquen a la mesa principal y devuelvan las llaves de su apartamento.

Y dicho esto, catorce mujeres se acercaron a la mesa, llaves en mano. Chiste o no, la novia estaba desolada.

El matrimonio duró dos años.

Aprender de las lecciones

Una cosa es tener criterios y otra muy diferente querer hacerlos encajar en reglas. Trata de no verte pillada por reglas de cita, ya sean impuestas por ti o por la sociedad. Si te das cuenta de que confías en ellas para protegerte, bueno, podría ser un buen momento para examinar esas relaciones pasadas que no han durado más de unos meses. Plantéate estas cuestiones y responde con honradez. Podrías descubrir valiosas lecciones.

- ¿Por qué terminaron tus anteriores relaciones?

- ¿Quién instigó la ruptura?

- ¿Las rupturas fueron amistosas?

- ¿Tenías claro lo que querías de la relación?

- ¿Intimaste demasiado pronto?

- ¿Hablas de tus ex novios con cariño o con animadversión?

- ¿Tiendes a elegir una y otra vez el mismo «tipo» de hombre?

- ¿Hay algún denominador común de todas estas relaciones pasadas?

El orgullo precede a la caída

Nunca te cases con un hombre pomposo. Desprecia a los demás y tal vez a ti también. Un hombre humilde es una apuesta mucho mejor, sobre todo alguien capaz de reírse de sí mismo y en especial cuando el globo de su propio engreimiento se ha pinchado.

Hace años, celebré una misa en un parroquia de Nueva Jersey. Al acabar estaba en la puerta de la iglesia, saludando a los feligreses, cuando una adolescente se me acercó llorando.

—Padre, padre, ¿cómo se llama?

Pensé, realmente he calado en esta niña. Buscando un cumplido, dije:

—¿Por qué quieres saber mi nombre?

Ella dijo:

—Mi madre no creerá que he estado en la iglesia a menos que le diga el nombre del cura que ha dado la misa.

Uf.

LAS ARTES GEMELAS DE LA VERDAD Y EL PERDÓN

Para que una relación funcione, una pareja necesita practicar las artes gemelas de la verdad y el perdón. Sí, artes.

Sería un milagro si, incluso durante el noviazgo, no hubiera ningún conflicto ni ninguna pelea. Aun cuando estéis muy enamorados, habrá desacuerdos. Ésta podría ser una de las lecciones más difíciles de aprender, pero es la más importante. Un animado intercambio de opiniones puede ayudar a florecer a un matrimonio, siempre y cuando esté construido sobre los cimientos del amor y el respeto.

Si tu novio o marido está diciendo la verdad, es tu responsabilidad escuchar sin juzgar, escuchar lo que de verdad te está diciendo y —aunque no te guste lo que te está diciendo— responder con franqueza, con respeto y amabilidad. La verdad es ese proverbial camino de doble sentido.

SÉ SINCERO EN EL AMOR

Montones de maridos y mujeres a las que he aconsejado pueden ser educados con el otro, pero no han tenido una conversación franca en años. Con mucha frecuencia, es el hombre quien no logra compartir sus sentimientos, aunque a veces es al contrario; un marido y una mujer pueden ser francos —brutalmente francos—, pero no corteses o respetuosos con el otro.

Escuchemos lo que decía mi madre sobre el matrimonio y la franqueza.

—Si hubiera practicado la franqueza perfecta con ese hombre —señalando a mi padre con su tercera cerveza—, nuestro matrimonio habría durado seis meses.

EL AMOR NO ES ENVIDIOSO

Sexta lección

Hasta una verdad incómoda puede expresarse con amabilidad y respeto.

—Pero, mamá —le dije a ella, católica devota—, san Pablo nos enseña «en todas vuestras relaciones (en el matrimonio, la amistad y la comunidad) decid la verdad con amor para que podáis crecer».

—Pablo se equivocaba —dijo mamá.

Y fue el fin de la conversación.

Mi madre tenía puntos de vista muy definidos sobre el matrimonio, y también sobre los hombres. Recuerdo que cuando era niño oía a mi madre hablando con la vecina de al lado, a la que llamaré señora Brown, durante una de sus conversaciones maratonianas por encima de la valla de atrás.

La señora Brown tenía dos hijas. Existía un arreglo conveniente para todos los implicados; esto es, una hija tenía mi edad y la otra la edad de mi hermano. Las dos niñas nos enseñaron a nosotros los varones a comportarnos de manera civilizada en las fiestas, y mi hermano y yo ¡les enseñamos a jugar al rugby y al críquet!

La señora Brown tuvo que tratar con un solo varón, su marido. Mi madre, por su parte, tuvo que enfrentarse a tres.

La señora Brown le preguntó una vez a mi madre en presencia de mi padre, mi hermano y yo.

—Vives con tres hombres, al parecer de manera armoniosa. Y lo has hecho mucho tiempo… ¿Cuál es el secreto?

Mi madre respondió con asombrosa y cómica arrogancia.

—Sólo has de funcionar con la hipótesis de que ningún hombre —dijo pasando la mirada por cada uno de nosotros— madura después de los once años.

¿A alguien le sorprende que me ordenara sacerdote?

Sé sincero en el amor.

Las siete lecciones de
El amor no es envidioso ni jactancioso ni arrogante ni grosero

1. La envidia y los celos son ingredientes peligrosos en cualquier relación.

2. Los sentimientos no están ni bien ni mal en sí mismos. Lo que cuenta es lo que haces con ellos.

3. En ocasiones el amor requiere decir «lo siento».

4. Guárdate de cultivar una relación con un hombre que no sea humilde.

5. Las reglas son buenos siervos, pero malos maestros.

6. Hasta una verdad incómoda puede expresarse con amabilidad y respeto.

7. Sé sincero en el amor.

CINCO

El amor no es egoísta

LA CORTESÍA CUENTA

Piensa en cómo te va en el día, en la gente con la que te cruzas, en las cosas que haces. ¿Cuánto mejor es ese día si la gente es cortés con el prójimo? Unos simples «por favor» y «lo siento» o una sonrisa de un extraño pueden suponer una gran diferencia. Del mismo modo, un comentario grosero, una puerta soltada de manera descuidada en tus narices, ¡qué desconsideración! ¡Cuánto puede escocer!

Los modales son importantes. Punto. No estoy hablando de etiqueta ni de cuestiones sociales. Estoy hablando de ser consciente de la gente que te rodea, de tratarla con respeto y dignidad. En realidad se reduce a eso.

Tener buenas maneras es ser sensible a los sentimientos de los demás. Si eres sensible, tienes buenas maneras, no importa el tenedor que uses.

EMILY POST

Estamos todos ocupados. Todos estamos tratando de hacer demasiado en demasiado poco tiempo. Sin embargo, las pequeñas cosas de verdad significan mucho: los «por favor», los «gracias», las palabras sencillas y los actos de cortesía. Nunca subestimes la importancia de la educación en cualquier relación.

GRACIAS: UNA PALABRA MUY PODEROSA

Tres noches después de los trágicos sucesos del 11 de septiembre, un hombre y su mujer estaban en un restaurante con vistas a la silueta de un Lower Manhattan que continuaba ardiendo. Aunque no parecía una noche para celebrar nada, alguien estaba señalando un cumpleaños significativo. A media comida, llegó un grupo de hombres de uniforme.

EL AMOR NO ES EGOÍSTA
Primera lección

Grandes sucesos pueden generar simple cortesía.

El hombre se volvió hacia su mujer y dijo:

—Me pregunto si estos tipos están llegando desde las Torres Gemelas. Voy a averiguarlo.

Se acercó al capitán, quien confirmó que era su primera comida caliente en tres días.

—¿Puedo tener el honor de invitarles a cenar?

El capitán contestó:

—Pero somos veintitrés.

—Puede que no vuelva a tener otra oportunidad de darle las gracias.

Y dicho esto, hizo una señal al camarero. Haciendo sonar la copa para silenciar al restaurante, el hombre anunció:

—Estos hombres de todo el país acaban de pasar las últimas setenta y dos horas en la operación de rescate del World Trade Center. ¿Se unirán a mí para reconocer su heroísmo?

Todos los presentes prorrumpieron en una emocionada ovación.

La mujer del hombre que había hecho el brindis lo miró con lágrimas en los ojos.

—Mi querido marido —dijo—. Has gastado dos letras del coche en esta cena. Nunca te he amado más de lo que te amo en este momento. Nunca he estado más agradecida de tenerte como compañero.

Todos hacemos lo posible por emular el completo desinterés de estas personas, cada una de las cuales, a su propia manera, conocía el valor de la palabra «gracias».

EL AMOR NO ES EGOÍSTA

Segunda lección

Un buen matrimonio contiene partes iguales de respeto y gratitud.

CAMPANAS de boda   O   *Sirenas* de alarma

SUPE QUE NO ERA EL HOMBRE PARA MÍ CUANDO...

- Fue grosero con el camarero.

- Me llamó Laurie (me llamo Louise).

- Apareció en nuestra segunda cita con una camiseta que decía: «Gordas no.»

- Canceló nuestra cita para visitar a una ex que estaba «pasando un mal momento».

- Perdió los estribos con el tipo que teníamos delante en el cine. (Un simple «shh» habría funcionado igual de bien.)

- Contó un chiste racista.

Josie y Leo salen juntos desde el instituto. Ahora, a los veintipocos, están planeando casarse. Josie hacía bromas diciendo que les dirían a sus hijos que él había sido el *quarterback* del instituto y ella una animadora. De hecho, nada más lejos de la verdad. Ella era una obsesa de la ciencia y él un entusiasta de las matemáticas. Josie era una chica guapa. También era lista y amable. Leo se encuadraría en el tipo estudioso, pero también estaba «como un tren», como decía Josie. Aun así, en el desafortunado sistema de castas que es el instituto, eran *outsiders*. Nunca se sentaban a la mesa más genial de la cafetería, nunca los invitaban a las mejores fiestas. A Josie y Leo no parecía importarles. De hecho, atribuían el hecho de haberse conocido a su estatus común de *outsiders*.

—El instituto no fue el tiempo más feliz para nosotros… hasta que nos conocimos —me explicó Josie cuando vinieron a verme para orientación prematrimonial—. Siempre había sentido que todo era muy superficial: quién llevaba los últimos vaqueros, quién se había puesto las gafas de sol más *cool*, quién tenía el pelo más brillante. A mí también me gusta tener buen aspecto, pero vamos… O sea, ¡son sólo vaqueros! ¡Es sólo pelo! —Josie rio mientras se atusaba el pelo en su mejor imitación de una supermodelo.

—Esa clase de cosas son para perdedores —continuó Leo—. Los demás… los deportistas o las abejas reinas o como se llamen esta semana… que se lo queden. Todo es muy aleatorio, muy sujeto a un capricho.

Yo no estaba cómodo con el comentario de Leo sobre «perdedores» y «los demás», y me pregunté si estaba tratando de protegerse o si realmente sentía la actitud del «ellos y nosotros» que ese y otros comentarios indicaban. Aun así, todavía estaba hablando del instituto, un tiempo que puede suscitar toda clase de sentimientos. Decidí enfocarme en los aspectos positivos. Leo y Josie eran transparentes en su devoción mutua y parecían tener muy claro quiénes eran, como individuos y como pareja. Me gustaba la forma en que los dos charlaban y la forma en que parecían respetar los puntos de vista del otro. Eran animados, afectuosos y divertidos. Tenían opiniones y no temían expresarlas, ni entre ellos ni conmigo.

¿Tu compañero puede tener sus opiniones sin insistir en que las compartas?

En este punto de la conversación Josie interrumpió con una sonrisa.

—Oh, oh, padre Pat, ¡tenga cuidado! Aquí llega el discurso matemático.

—Ríete —dijo él—, pero sabes exactamente de qué estoy hablando. Las matemáticas te enseñan a pensar de manera objetiva. Son lógicas y fiables y son increíblemente poderosas.

—¿Poderosas? —pregunté.

—Sí, padre Pat, poderosas. Comprender las matemáticas puede liberar ciertos neurotransmisores en el cerebro. Proporcionan una sensación de euforia que suscita una sensación de bienestar y poder. Hay una auténtica sensación de autoridad asociada a las matemáticas. Confíe en mí en esto. Es como si todos los misterios del universo se le revelaran por sus capacidades mentales. ¡Es como una religión!

En ese punto me pregunté si debería tachar el sermón del domingo siguiente y dar a la congregación unos problemas de fracciones.

—Las matemáticas son absolutas —concluyó Leo—. No son subjetivas como lo son otras disciplinas. En un problema de matemáticas sólo hay una respuesta correcta. No hay «quizás» en matemáticas.

Mejor doblarse que romperse.
PROVERBIO ESCOCÉS

No puede evitarlo.

—Quizá sí —dije—, pero hay muchos quizás en la vida. No creo que puedas insistir en los mismos principios matemáticos en la vida cotidiana, y menos en una relación. Simplemente no existe la misma certeza.

—Sí, pero…

—Sin peros —dije—. Los dos estáis sin duda muy enamorados y yo me alegro por vosotros. Pero tenéis que daros cuenta de que el amor no es un absoluto como puedan serlo las matemáticas. El amor no insiste en sus maneras —le recordé.

Sé cuándo tengo una audiencia cautiva, así que continué.

—Leo, obviamente estás muy convencido de la autoridad en matemáticas. Pero ¿y la autoridad en vuestra relación? ¿Eso es algo que estés dispuesto a compartir?

La joven pareja se quedó un momento en silencio.

Josie se volvió hacia él, con cierta inseguridad.

—¿Cariño? Yo diría que sí, ¿y tú?

Leo sonrió y la besó en la mejilla.

—Una afirmación categórica —dijo.

Esta encantadora joven pareja vino a verme varias veces después de esa primera reunión. Se han tomado muy en serio mi sermón improvisado sobre el peligro de insistir en los absolutos, y eso abrió algunas grandes discusiones sobre el tema del compromiso y la comunicación. Comprendieron lo importante que es el equilibrio para un matrimonio sano y que, aunque son dos compañeros iguales («dos componentes de la misma ecuación», según lo planteó Leo), no serán iguales en todas las situaciones de todos los días. Hablaron abiertamente de sus expectativas en el matrimonio, de las virtudes y defectos de cada uno. Cuando les llegó el momento de decir «Sí, quiero» lo hicieron con seguridad.

¿Ha funcionado su matrimonio?

Bueno, llevan ocho años felizmente casados. Haz las cuentas.

Has de estar dispuesta a compartir la autoridad en tu relación.

PUNTOS EN COMÚN

Piensa en cuando conociste a tu prometido. ¿Qué fue lo que te atrajo de él? Supongo que hubo una cuestión de química. Y una vez que reconociste la atracción mutua, bueno, supongo que también encontraste muchas cosas en común. «¡Los dos estudiamos poesía española!», oigo decir a la gente. «A los dos nos gusta el pollo agridulce.» «Los dos tenemos una marca de nacimiento con la forma del estado de Tejas. ¿Cuáles son las probabilidades?»

En ocasiones somos un poco absurdos en la forma en que buscamos las conexiones. Las webs de citas, por ejemplo, piden a sus miembros que enumeren listas de un montón de cosas favoritas, como si eso fuera una indicación de verdadera compatibilidad. De hecho, he oído algunas preguntas muy aleatorias.

- ¿Cuál es tu color favorito?
- ¿Qué pone en tu camiseta favorita?
- ¿Cuál es tu película favorita?
- ¿Con qué animal te identificas más?

Si él llevaba una camiseta azul de su bar favorito mientras veía *Julie & Julia* y le gustaban los koalas, bueno, ¿qué demonios te dice eso de él? No significa nada.

El que dijo que todos los hombres fueron creados iguales es que nunca ha probado las citas por Internet.

La película favorita de una persona podría decirte algo sobre su personalidad, pero no divulgará su carácter. Aun así, lo familiar es emocionante cuando os enamoráis. Buscáis puntos en común, cosas que compartís. Por supuesto, sabéis que tendréis diferencias, y al principio incluso eso parece excitante. La mujer que es planificadora de corazón quedará prendada de la espontaneidad de su novio. La mujer que tiene un lado salvaje disfrutará de la naturaleza más cauta de su novio.

Sin embargo, cuando se acerca el matrimonio, es importante mirar más allá de estas cualidades superficiales para ver lo que es realmente importante. El carácter cuenta en un matrimonio mucho más que estos aspectos en común. ¿De verdad importa si su color favorito es el azul o si le gusta la misma música? Haz caso a tu instinto y trata de pensar no sólo en el hombre, sino también en el matrimonio que vais a formar. De muchas cosas no vale la pena preocuparse, pero las grandes diferencias suelen conducir a grandes problemas. Presta atención a ellas ahora, antes de que enfiles el pasillo hacia el altar.

En un matrimonio, lo que cuenta es el carácter.

CAMPANAS de boda   O   *Sirenas de alarma*

🌿 *Tú eres ahorradora; él es derrochador.* Tu posición respecto a la economía es importante. La forma en que cada uno de vosotros trata la cuestión del dinero lo es más aún. He visto muchas medias naranjas separarse por dificultades económicas. Habla con franqueza con tu pareja sobre vuestras expectativas antes de caminar hacia el altar.

🌿 *Eres optimista; él es pesimista.* Tú ves el vaso medio vacío y él lo ve medio lleno. Vuestros diferentes puntos de vista pueden dar la sensación de equilibrio a vuestra relación, pero con el tiempo podrían convertirse en un caballo de batalla. Respetad el punto de vista del otro y estaréis bien.

🌿 *Tú quieres hijos; él no.* ¡No te cases con él!

🦎 *Tú disfrutas de una copa de vino; él bebe en exceso.* Puede que ames a un hombre con problemas con la bebida, pero no te cases con él. Él podría prometer conseguir ayuda para su abuso del alcohol (o su abuso de cualquier sustancia, para el caso), pero es mejor que lo haga antes de la boda. Y no unas semanas antes, ni siquiera un mes o dos antes. Si va en serio con vuestra relación, se asegurará de estar sobrio un año entero antes de la boda.

Querido padre Pat

Querido padre Pat: Mi novio envía de manera regular tarjetas de cumpleaños a sus ex novias, pero eso me hace sentir incómoda. ¿Qué debería hacer? Firmado: Perpleja.

Querida Perpleja: No hace falta que te diga lo que has de hacer, ¡ya me lo has dicho tú! Te hace sentir incómoda. Ese hombre está siendo irrespetuoso con vuestra relación y tú lo sabes. Desembarázate de él y únete a las filas de sus ex novias. ¡Piensa en las tarjetas de cumpleaños que recibirás!

Imagina a una mujer y un hombre que hacen una visita a un pabellón lleno de antigüedades. Hay una aparentemente interminable muestra de objetos de los dos últimos siglos. A ella le atraen varios cajones llenos de guantes de época; él está fascinado por una pared de carteles de cine de los años cuarenta. Mientras pasean por la tienda, los dos están contentos. Si uno se encuentra con un objeto de particular interés, el primer impulso es llamar al otro para compartir el momento de descubrimiento. Pasan horas de esta manera, disfrutando de una compañía exenta de cualquier obligación de experimentar el resultado de un modo exactamente igual. Después, durante la cena, comparan notas sobre las cosas inusuales que han visto, profundizando su relación.

> *El hallazgo más hermoso que hacen los amigos de verdad es que pueden crecer por separado sin separarse.*
> ELISABETH FOLEY

¿Tu novio te anima a cultivar tus propios intereses, incluso aquellos por los que no siente atracción o familiaridad?

He visto matrimonios que funcionan donde los miembros de la pareja no tienen los mismos intereses, pero cada uno tolera o alienta los intereses divergentes del otro. El periodo de compromiso es el momento para solucionar eso. Por ejemplo, a un futuro esposo podría gustarle esquiar y podría querer disfrutar de ese deporte todos los fines de semana y vacaciones. Pero si a su intelectual esposa no le gustan las pendientes, tendrán que llegar a un compromiso que incluya los gustos de ambos.

> *El amor no tiene nada que ver con lo que esperas conseguir, sólo con lo que esperas dar, que es todo.*
> KATHARINE HEPBURN

Una mujer a la que conozco se preguntaba cómo podría planear una vida con su novio al que le encantaba ver los deportes con el volumen a tope.

—Odio el ruido y la violencia. No entiendo para qué sirve —me dijo—. Padre Pat, ¿puede sugerir un compromiso mutuamente satisfactorio?

—Si puedes —dije—, déjale que tenga una habitación para él solo, donde pueda ver los deportes en ruidosa soledad. Él tendrá sus deportes y tú tendrás tu paz.

Luego está un matrimonio felizmente casado que conozco en el cual la mujer es la fanática del fútbol. Desde septiembre a junio está pegada al televisor, alentando a gritos a su equipo favorito. A su marido, que no tiene el menor interés por el fútbol americano, le hace gracia esta inversión de los roles tradicionales marido-mujer y la devoción de su esposa por los Giants de Nueva York. Además, él hace la comida del domingo.

Me alegro cuando los futuros esposos usan la palabra

«compromiso». En la mayoría de las relaciones humanas el compromiso es la clave, porque si cada individuo insiste siempre en imponer sus puntos de vista, habrá caos en la casa, en la vida matrimonial, en el puesto de trabajo, donde sea.

EL AMOR NO ES EGOÍSTA

Quinta lección

El arte del compromiso está en el corazón del matrimonio.

O CALLA PARA SIEMPRE

Hay veces que en tu relación has de expresarte. Si tu compañero se niega a apoyarte o a ponerse de tu lado en un conflicto, tendrás que hacerle saber que estás enfadada. Si no abordas el problema, no hará otra cosa que persistir.

El resentimiento en una relación puede crecer como las malas hierbas en un jardín. Cuida tu relación con respeto y franqueza. Sé honesto con tu pareja sobre lo que te está molestando. Sólo entonces podrás abordar lo que está mal y seguir adelante.

Eso es lo que ocurrió con una joven pareja. Era su primera Navidad y los recién casados estaban tratando con un problema muy común: elegir con qué familia pasar las fiestas. La familia del marido había acogido varias reuniones consecutivas cuando la pareja estaba comprometida, de manera que a la mujer le encantó que su marido sugiriera que celebraran las Navidades con los padres de ella. La querida tía de la mujer, enferma en ese momento, estaba recuperándose en casa de sus padres, así que el cambio de sede fue muy bien recibido.

La esposa y su madre cocinaron todo el día, preparando la llegada de la recién combinada familia, mientras caía una intensa nevada. Una vez que quedó claro que los copos de Navidad se habían convertido en una ventisca, sonó el teléfono. Era la madre del marido, que expresó su pesar por no poder asistir.

—No podemos dejar a la abuela sola —dijo—, y ya sabes que a tu padre no le gusta conducir con un clima así.

Propuso que la familia de la mujer llevara toda la comida a su casa.

El joven marido estaba desolado. No quería decepcionar a sus padres ni a su anciana abuela. Él conducía mucho mejor que su padre (eso era un chiste en la familia), y no tenía reparos en conducir por la nieve. Aun así, la tarea de empaquetar la comida y llevar a todo el mundo a casa de su madre no era algo que le entusiasmara. Fue a explicarle el problema a su esposa, y le preguntó si le molestaría mucho ir a la casa de su familia.

Ahora fue la joven esposa la que se sintió desolada. Se enfrentaba a la elección imposible de pasar sus primeras

Navidades como mujer casada con su marido y la familia de éste o quedarse al lado de su tía enferma. Al final, cedió, empaquetaron la comida e hicieron el viaje a través de carreteras heladas. Su tía pasó la Navidad sola.

> *Expresarse es una cuestión de mantener la propia dignidad.*

Por muy mal que se sintió, la recién casada había sido reacia a expresar sus preocupaciones sobre lo que había ocurrido. No quería que su primera Navidad de casados estuviera rodeada de disputas, tampoco quería ponerse en la posición de debatir quién era más importante, la abuela de su marido o su tía. No fue hasta el otoño siguiente, cuando estaban planeando la inminente temporada de vacaciones que su resentimiento afloró a la superficie como un pez muerto.

—¡No puedo creer que discutamos esto! —dijo—. La última Navidad no la arruinó la nieve…, sino tú y tu madre. ¡Y tu padre! No sé qué decir de él. ¿Qué clase de persona adulta no puede conducir unos pocos kilómetros por la nieve? ¡Nunca había oído nada semejante!

El marido se quedó de piedra por la furia de los sentimientos de su esposa. Ella se había mostrado tan bien dispuesta en el momento, que él no tenía ni idea de la profunda animadversión que le había generado el episodio.

EL AMOR NO ES EGOÍSTA

Sexta lección

Una relación sana requiere honradez en la comunicación, hablar claro.

—Cielo —dijo—. No tenía ni idea de cómo te sentías. ¿Por qué no me lo dijiste entonces?

¿Por qué?

SITUACIÓN, SITUACIÓN, SITUACIÓN

Recientemente una mujer joven me pidió ayuda en su problema.

—Mi novio está en la universidad —me dijo—. Tiene ambiciones de conseguir un puesto en el gobierno. Después de pasar un año separados, nos hemos comprometido. Yo me trasladé desde nuestro pueblo del Medio Oeste para estar con él en Washington. Dice que quizá dentro de seis u ocho años podamos volver a casa.

»He tratado de conseguir una buena vida para nosotros allí, pero después de casi un año, sé muy bien que soy una chica provinciana. Estoy muy apegada a mi familia y amigos y los echo muchísimo de menos. Él, por su parte, valora el trabajo por encima de la familia y no le molesta ver a sus parientes con poca frecuencia. Sé que el matrimonio implica compromiso, pero siento que estoy viviendo su vida y sacrificando mi felicidad por él. Quiero estar el resto de mi vida con él, pero no creo que pueda pasar los próximos cinco años o más viviendo así.

> No te cases con un hombre que es demasiado egoísta para hacer él lo que te pide a ti que hagas.

Recuerda: puedes amar a alguien de corazón, pero no poder disfrutar de un matrimonio feliz con él. Creo que es el caso en esta relación. Aquí hay un hombre que valora el trabajo por encima de su familia, que no parece deseoso de cumplir con los compromisos que le pide a su novia. Ella está muy cerca de su familia y amigos; él no. A ella le encanta su pueblo; él habla vagamente de trasladarse allí dentro de seis u ocho años. Éstas son cuestiones importantes sobre las cuales no están de acuerdo. Aunque viajar es mucho más fácil en estos días, la incomodidad y la agenda de visitas irregular no bastan a esta novia. Ella ha de tomar una decisión: familia y amigos y pueblos pequeños frente al ser amado, que valora el trabajo por encima de la familia y prefiere la vida de la ciudad a la del pueblo pequeño.

Mi opinión es que deberían separarse.

Asegúrate de que tu compañero está dispuesto a hacer los sacrificios que te pide a ti.

FUERA DE CONTROL

—Tengo una amiga —me dijo en cierta ocasión una mujer— cuyo prometido es encantador, pero trata de controlar todo lo que ella hace. Tiene que saber dónde está en todo momento. ¡Incluso tiene que llamarlo para decírselo!

La situación de esta joven recuerda la aterradora letra de una canción número uno de The Police titulada *Every Breath You Take*. Cantada desde la perspectiva de un personaje amenazador, controlador, el verso «Te estaré observando» revela la explosiva combinación de pasión y violencia de la cual una persona así podría ser capaz.

¿Tu relación está guiada
por el respeto mutuo?

- ¿Vuestras decisiones vitales las tomáis consultando el uno con el otro?

- ¿Te sientes cómoda y a gusto cuando estáis juntos o te sientes bajo presión?

- ¿Admiras a tu novio por lo que es y por lo que ha logrado en la vida?

- ¿Estás orgullosa de que te vean con él en público y de que te vean tus amigos y parientes?

- ¿Crees que tu amor podría atemperar las tormentas o problemas económicos, enfermedad y malentendidos graves?

- ¿Tu novio siempre está tratando de colocarte bajo una luz favorable cuando estás entre amigos?

Sting se había casado con una actriz y escribió la canción cuando la unión se estaba derrumbando. En una entrevista de 1993 dijo: «Me desperté en plena noche con ese verso en la cabeza, me senté al piano y la había escrito en media hora... Suena como una reconfortante canción de amor. En su momento no me di cuenta de lo siniestra que es. Creo que estaba pensando en Gran Hermano, vigilancia y control.»

Nunca te cases con un hombre que trata de controlarte.

Cuando mencioné esta canción a la mujer que había venido a verme, ella asintió vigorosamente con la cabeza.

—Sí —dijo—. Es exactamente así. Gran Hermano. ¡Sólo que no hay nada fraternal en ello!

Sentí lástima por la mujer que tenía delante y también por su amiga. Una relación controladora es difícil de soportar.

Ella continuó:

—El prometido de mi amiga es muy mandón y enseguida pierde los estribos. Trata de limitar el contacto de ella con sus amigas, al menos cuando él no está cerca, y le dice lo que tiene que ponerse. En ocasiones parece increíblemente amoroso con ella, la cubre de regalos, la lleva al teatro, le dice cuánto la ama y que no puede vivir sin ella.

—¿Y las otras veces? —pregunté.

—Bueno, trata de mantenerla a raya. Por ejemplo, parece que le ha robado la autoestima. Hace poco ella estaba buscando un nuevo trabajo, pero él le dijo que no se molestara, que nunca lo conseguiría.

—¿Y? —pregunté.

—Ella estaba tan desanimada después de sus comentarios que ni siquiera mandó su currículo. Mire —continuó—, ya he visto bastante televisión para saber que podría ser un maltratador.

Hizo una pausa.

—Lo siento, padre Pat. Es una broma de mal gusto. Es sólo que me preocupo por ella, y no sé cómo abordar la situación. No creo que él le haya pegado ni nada por el estilo, pero no está bien. ¿Qué debería hacer?

> *Respeto es lo que debemos; amor es lo que damos.*
> PHILIP JAMES BAILEY

Es una situación terrible para cualquiera que se encuentre en ella, pero aplaudo a esta mujer joven por tomarse en serio el bienestar de su amiga. Le propuse que se llevara a la mujer a un aparte y hablara con ella con franqueza. Tenía que confiarle sus temores, y hacerle saber a su amiga que no estaba sola.

—Dile que te has fijado en que no parece relajada con su prometido —propuse—. Y hazle saber que la quieres y la respetas. Ofrécele toda la ayuda que puedas darle (incluido un sofá para dormir en caso de necesidad) y trata de aliviar cualquier sentimiento de vergüenza que ella pueda sentir. No es culpa suya, pero ella puede sentir que lo es. Por encima de todo, hazle saber que eres su amiga y que estarás allí por ella, pase lo que pase.

Hay muchas razones por las que una mujer puede soportar una relación de control:

- Puede tener un sentido distorsionado del amor.
- Puede que crea que no tiene elección.
- Puede que se sienta sola.
- Puede que no se dé cuenta de hasta qué punto su novio está controlando la relación.
- Puede que crea que su novio cambiará.
- Puede estar demasiado asustada para dejarlo.

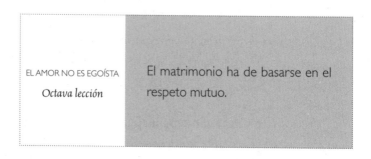

EL AMOR NO ES EGOÍSTA

Octava lección

El matrimonio ha de basarse en el respeto mutuo.

No hay razón para que una mujer soporte una relación de control y abuso, tanto si el abuso es físico como si es emocional. Aunque este hombre no sea un maltratador, su idoneidad como compañero matrimonial es nula si trata de controlar todo lo que hace su prometida. El matrimonio debería basarse en el respeto mutuo y el amor. ¡La mujer no debería casarse con este hombre!

Las ocho lecciones de
El amor no es egoísta

1. Grandes sucesos pueden generar simple cortesía.

2. Un buen matrimonio contiene partes iguales de respeto y gratitud.

3. Has de estar dispuesta a compartir la autoridad en tu relación.

4. En un matrimonio, lo que cuenta es el carácter.

5. El arte del compromiso está en el corazón del matrimonio.

6. Una relación sana requiere honradez en la comunicación, hablar claro.

7. Asegúrate de que tu compañero está dispuesto a hacer los sacrificios que te pide a ti.

8. El matrimonio ha de basarse en el respeto mutuo.

SEIS

El amor no es irritable
ni resentido

EL MATRIMONIO: UNA OPCIÓN PERSONAL

No hay elección más personal que la decisión de casarse. Sin embargo, mientras comienzan los preparativos para la ceremonia de la boda, a las parejas puede resultarles muy tentador concentrarse en lo externo y material más que en lo interno y emocional o espiritual.

La mayoría de las parejas vienen a verme con mente y corazón abiertos, interesadas de manera genuina en explorar su relación antes de decir: «Sí, quiero.» En ocasiones, no obstante (y por suerte esto no ocurre tan a menudo), tengo la sensación de que soy un elemento más en su lista de cosas por hacer, algo de lo que ocuparse después de las invitaciones y las flores.

Y luego están las parejas interesadas no sólo en su relación, sino también en las relaciones de todos los que las rodean.

Una mujer comprometida me dijo:

—Al asistir a sus sesiones de orientación prematrimonial, mi prometido y yo no pudimos evitar observar a las otras parejas. Nos preocupó advertir una tendencia inquietante, que la mitad de las parejas parecían casarse porque era lo que se esperaba de ellas: por su edad, presión familiar o lo que fuera. Cuando les pedí que expresaran sus objetivos, estas parejas respondieron a coro. Hablaron de preparar planes de vida idénticos: comprar una casa, tener hijos, ahorrar para la jubilación.

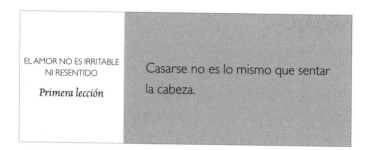

EL AMOR NO ES IRRITABLE NI RESENTIDO

Primera lección

Casarse no es lo mismo que sentar la cabeza.

Las observaciones de la mujer sobre sus compañeros de clase la dejaron preocupada.

—Mi prometido y yo… —Vaciló—. Somos personas aventureras. Queremos una vida menos convencional. Nos gusta viajar. Nos gusta explorar. Nos gusta no dar nada por descontado. Eso de pintar de blanco la cerca del jardín… ¡uf! Me produce urticaria.

Se tomó un momento para calmarse.

—Padre Pat, ¿nos equivocamos al tener una reacción tan adversa ante los planes de establecerse de otras parejas?

—No es una cuestión de equivocarse o no —le dije—. Trata de no ser tan dura. Tus compañeros están optando por una filosofía de matrimonio que incluye sentar la cabeza. Está bien para ellos, si es eso lo que quieren.

—¿De verdad, padre Pat? —preguntó.

—De verdad —dije—. Crees que sentar la cabeza, como están haciendo estas personas, es lo mismo que casarse y no es así. Sobre gustos no hay nada escrito, y esto se aplica el doble a las parejas casadas. Te pido que no juzgues a las demás parejas. Han elegido su manera. Tú has elegido la tuya.

> *No creas nada sólo porque lo ha dicho una persona*
> *a la que llaman sabia. No creas nada sólo porque*
> *todos lo creen. No creas nada sólo porque lo*
> *dicen los libros antiguos.*
> *No creas nada*
> *sólo porque dicen que es de origen divino.*
> *No creas nada sólo porque otro lo cree. Cree sólo lo que*
> *tú mismo pones a prueba y juzgas verdadero.*
>
> BUDA

Aconsejé a esta mujer joven que se preguntara por qué le preocupaban tanto los motivos de sus compañeros. ¿Quizás estaba concentrándose en las relaciones de los demás para no pensar en la suya? Es algo que he visto en ocasiones. Mujeres y hombres por igual se fijan en toda clase de elementos externos para evitar pensar en el gran paso que están a punto de dar en sus propias vidas. Después de hablar más con esta mujer, y lo que es más importante, después de escuchar, creí que esto no era cierto en su caso. Tal como ella había dicho: tenía una idea tan sóli-

da de cómo debería ser su matrimonio que consideraba
todo lo demás como algo inferior.

GRANDES EXPECTATIVAS

Es importante que antes de casarte seas consciente de
las expectativas que te genera el matrimonio. Aunque te
cueste reconocer ciertas realidades, hazlo. Imagina el día
de tu boda como el primero de muchos que seguirán en
la vida de casados. Desarrolla tu sentido de autoconcien-
cia y observación de manera que tú y tu futuro marido
podáis proteger vuestros valores y principios de influen-
cias externas excesivas.

Anota tus expectativas para que no te cueste reco-
nocerlas si las circunstancias pertinentes se despliegan
ante ti:

- *Mis expectativas*
- *Las expectativas de mi futura pareja*
- *Las expectativas de mis padres*
- *Las expectativas de mis suegros*

- *Mi decepción hasta el momento*
- *Mi sueño atesorado*

Tu matrimonio no es el matrimonio de tus padres, ni el matrimonio de tus amigos ni el de compañeros de trabajo o vecinos. Comparar tu relación íntima con la de alguna de las partes externas implicadas no sólo es peligroso, sino potencialmente desastroso.

UN EJEMPLO COMPLICADO DE SEGUIR

Alguna gente puede quedar demasiado vinculada al ejemplo del matrimonio de sus padres.

—Muchos amigos que conocían a mis padres —me contó un hombre— me han dicho que una razón por la que no estoy casado es que el matrimonio de mis padres era un ejemplo muy difícil de seguir y que mis expectativas eran demasiado elevadas. ¿Cómo puedo empezar a pensar en mi propio potencial matrimonio de una manera más independiente?

EL AMOR NO ES IRRITABLE
NI RESENTIDO

Tercera lección

Comparar tu relación con la de otros sólo sembrará las semillas del resentimiento.

—Podrías empezar —sugerí— por examinar bien el matrimonio perfecto de tus padres. ¿Qué conductas destacan más? ¿Cada uno de ellos tenía tolerancia por los puntos de vista contrarios del otro? A mi padre, por ejemplo, le gustaba vernos jugar al rugby a mi hermano y a mí. Mi madre estaba convencida de que el rugby era un acto bárbaro (probablemente tenía razón) y no se le habría ocurrido cruzar la calle para vernos a mi hermano y a mí en acción. Sin embargo, y lo digo para ser justo con ella, nunca trató de imponer sus puntos de vista sobre el rugby y el boxeo, ni a mi padre ni a nosotros.

»En segundo lugar —continué—, pregunta a tus padres qué piensan que hicieron bien. Las respuestas a estas preguntas quizá te proporcionen buenos cimientos para tu propia vida matrimonial. Digo quizá, porque tu situación en el matrimonio podría ser completamente diferente a la de ellos.

Y luego está el problema contrario.

Consideremos la historia del hombre joven que sintió que su vida había terminado a los nueve años, cuando sus padres se divorciaron. A los veintisiete, todas sus referencias culturales, aficiones y conductas se centraban en torno a la «era dorada» de su infancia. En todo lo demás, desde su trabajo a su vida personal, se comportaba como un adulto. Sin embargo, aunque quería salir con mujeres, nunca había tenido el valor para pedírselo a ninguna. Finalmente, sucumbiendo a la presión de compañeros, empezó a salir con una mujer, que resultó que le gustaba mucho. A pesar de sus sentimientos románticos hacia ella, nunca se sintió lo bastante seguro para llevar la relación más allá del nivel más superficial. En los siguientes años salió con unas cuantas mujeres más con el mismo resultado. Nunca se casó y ahora vive solo con sus lamentos.

Igual que podría haber muchas buenas razones para contraer matrimonio, hay muchas malas razones para evitarlo. Una decisión así, si se toma según ejemplos negativos, supondría un grave error. Si conoces a alguien que es bueno para ti, opta por un compromiso largo, no sólo para poder conoceros el uno al otro, sino también para poder conocerte a ti misma y saber si estás preparada para casarte.

EL AMOR NO ES IRRITABLE NI RESENTIDO

Cuarta lección

Cuando consideres casarte es importante que te preguntes: «¿Qué funcionará para mí?»

Siempre es importante que te preguntes: «¿Qué funcionará para mí?» Tú eres tú. Tus padres son personas completamente diferentes. Lo que funcionó para ellos podría no funcionar para ti. Ten el valor de liberarte de su ejemplo, por positivo que sea. Es importante que te des cuenta de que hay múltiples fuentes de orientación sobre con quién casarte —y con quién no casarte— y tu labor es sumergirte en ellas, dejando el matrimonio de tus padres como una entidad completamente separada.

Susan y Richard habían crecido en la misma pequeña población. El padre de ella tenía una fábrica de zapatos y era el mayor empresario en kilómetros a la redonda. La madre y el padre de Richard trabajaban en la fábrica, lo mismo que hizo Richard durante sus vacaciones de verano del instituto. Susan era una especie de niña mimada. Animadora y presidenta de la clase, todos los chicos le iban detrás, Richard incluido. Él no podía creerlo cuando Susan le dijo que saldría con él. Estaba nervioso por la cita y pasó una semana planeando qué harían. Mientras que normalmente habría llevado a una chica a la hamburguesería, llevó a Susan a un elegante restaurante francés y se gastó dos pagas semanales de su trabajo a tiempo parcial. Susan era dulce y parecía disfrutar de la cita, pero Richard estaba nervioso y sentía que no había causado una buena impresión.

Aparentemente sí la causó, porque salieron de cuando en cuando después de eso. Nada serio: una peli, un partido de béisbol. Parecía que a Susan le gustaba Richard. Pensaba que era listo y divertido; se reía cada vez que él imitaba al señor Desmond, el profesor de matemáticas. Susan sabía que Richard no tenía tanto dinero como los chicos con los que normalmente salía, pero no le importaba. Lo que le importaba era la forma en que estaba prendado de ella, la forma en que le procuraba todos sus caprichos. Siempre dejaba que ella eligiera la película, nunca la permitía pagar nada, y si Susan estaba de mal humor era él quien se disculpaba. ¡Y en cuanto a los regalos! Susan sólo tenía que mencionar algo (lo que fuera), desde una canción que había oído en la radio o un collar en una tienda del pueblo y Richard iba a comprárselo. Al principio, Susan pensó que era encantador. Incluso se refería a él como mi «príncipe encantador». Pero al cabo de un tiempo empezó a sacarla de quicio. Susan sentía que su padre ya la trataba como una princesita. No quería que su novio hiciera lo mismo, así que dejaron de verse.

> *Nadie puede hacerte sentir inferior sin tu permiso.*
> ELEANOR ROOSEVELT

Llegó la universidad y siguieron caminos separados. Susan fue a la Universidad de Brown, igual que las dos anteriores generaciones de su familia. Richard fue a una universidad estatal y se convirtió en el primer graduado de su familia. Finalizados sus estudios, y sin que ninguno de los dos tuviera noticias del otro, ambos se trasladaron a Chicago. Susan ingresó entonces en la facultad de derecho, y luego se convirtió en socia de un bufete legal de tamaño medio, y Richard encontró un trabajo prometedor en una nueva empresa técnica. A Susan el puesto le resultó más complicado de lo que había previsto, y a pesar de sus cuatro años en el primer ciclo universitario y sus tres años en la facultad de derecho, sentía que no estaba a la altura de sus nuevos colegas. Siempre se había enorgullecido de no definirse por su dinero y estatus, pero ahora que estaba en la gran ciudad con personas que tenían mucho más dinero y posición social que ella, se sentía un poco fuera de lugar.

A Richard, por su parte, le iba bien. Disfrutaba de su nuevo trabajo y de la emoción de estar implicado en el nacimiento de un proyecto. Sus colegas lo respetaban y apreciaban, y eso lo hizo sentirse más seguro, incluso orgulloso.

Un día, un par de años después de trasladarse a Chicago, Richard y Susan se encontraron en una fiesta. Les encantó verse y enseguida empezaron a ponerse al día. Susan encontró un rincón agradable donde podrían charlar mientras Richard hacía un zigzag hacia la barra. Se contaron sus respectivas experiencias universitarias. Susan habló de la vida en Brown, de los profesores que le gustaban y los que no. Richard habló de su facultad y logró que Susan se riera de las historias de terror de sus compañeros de habitación. Hablaron de los viejos tiempos y Richard terminó la noche con un bis del señor Desmond, su viejo profesor de matemáticas.

Al cabo de unas semanas, Richard había reunido el valor para pedir una cita a la que había sido su novia. Ella aceptó de buena gana.

Los dos miembros de esta joven pareja habían cambiado desde sus días en el instituto, pero les costaba ver ese cambio en el otro. Por irónico que parezca, Susan, aunque tal vez estaba más impresionada con el estatus y el dinero de lo que lo había estado nunca, se aferró a Richard porque la conocía como la niña mimada que siempre había sido. Con Richard se sentía importante, más como la abeja reina que como una aspirante. Richard había cambiado desde el instituto y había crecido de verdad; por desgracia, parecía sufrir una regresión cuando estaba con Susan, a la que aparentemente veía como símbolo de todo lo que él había querido ser en la vida. Salieron en serio durante unos siete meses, después de lo cual Richard le pidió a Susan matrimonio. Para alegría del joven, ella aceptó su propuesta.

> *Una persona amada trata de vivir según la regla de oro: haz a los demás lo que quieras que te hagan a ti.*

Los padres de Susan les organizaron una boda lujosa, y desde el momento en que se mudaron a su nueva casa, él la trató como el tesoro que sentía que era. Nunca dejaba de alabarla ante los amigos del trabajo, siempre cedía ante ella en su casa o cuando salían con amigos. Consultaba con ella antes de tomar cualquier decisión, por pequeña que fuera. Incluso la llamaba su «princesa». A cambio, Susan respondía dándole órdenes como si fuera su empleado o incluso un criado. «¡El teléfono está sonando! —decía—. ¿No será mejor que contestes?» «¿No has recogido la ropa seca hoy? Quería ponerme el vestido azul esta noche.» «Oh, ¿por qué has comprado este Merlot? Ya sabes que no me gusta este viñedo.»

La situación fue empeorando. Richard se dio cuenta de que su matrimonio iba por mal camino y de que había aceptado su papel en él. Trató de hablar con Susan de ello, trató de hacerle entender que se sentía resentido de que abusaran de él y que el matrimonio no estaba funcionando. Susan no quiso escuchar. «No puedes cambiar las reglas en mitad del partido —dijo—. Yo soy así. Tú eres así. Así es nuestro matrimonio. Acéptalo.»

Pero Richard no podía aceptarlo. Se dio cuenta de que había iniciado el matrimonio no como adulto, sino como un estudiante de instituto perdidamente enamorado. Estaba tan obsesionado por el estatus y la posición social que inició una relación donde no había amor ni respeto. Ya había tenido suficiente.

EL AMOR NO ES IRRITABLE
NI RESENTIDO

Quinta lección

Aléjate de alguien cuya vida puedes dirigir y que nunca tiene exigencias que contradigan las tuyas.

Respeto
Averigua lo que significa

Aretha Franklin lo dijo mejor que nadie. Todos queremos un poco de respeto. En ningún otro ámbito es más cierto que en un matrimonio, que ha de basarse en el respeto mutuo que marido y mujer deben profesarse el uno al otro.

- Ver mis fallos y quererme de todos modos, eso es respeto. (Cheryl C.)

- Para mí respeto significa que pidan mi opinión. (Kate M.)

- El día que mi novio dijo: «Creo que te equivocas, pero te apoyo de todos modos», supe que me respetaba. (Alicia R.)

- Cuando oí a mi novio hablándoles a sus amigos del buen trabajo que había hecho yo al manejar una situación difícil en la oficina, supe que respetaba no sólo mi trabajo, sino también a mí. (Leslie K.)

- ¡Escuchar! Eso es respeto. (Mary O.)

- Mi marido ama nuestras similitudes. Pero respeta nuestras diferencias. (Monica M.)

Finalmente, una noche, después de una exigencia más, Richard le dijo que se recogiera ella misma la ropa de la tintorería, que contratara una criada y que respondiera ella misma el teléfono. Él ya no era su empleado doméstico.

—Te quiero, Susan. Haría cualquier cosa por ti, pero la clave es «cualquier cosa». He estado haciendo todo por ti y no ha funcionado.

—Sabía que no debería haberme casado con un perdedor como tú —dijo Susan—. Tienes un trabajo estúpido, amigos estúpidos y no encuentro nada atractivo en ti.

Ya no era un felpudo, así que finalmente se hizo cargo de la situación y se fue.

EL CLUB DEL DESAYUNO

El amor no es irritable ni resentido. Y el amor no es egoísta.

Durante el noviazgo, la persona egoísta es fácil de reconocer. Nunca piensa en poner tus necesidades por delante de las suyas. Le preocupan sus propios deseos y ésos siempre tienen prioridad frente a los tuyos. Por eso es muy importante que sepas lo que quieres.

Claro, el hombre egoísta puede hacer cosas que parecen generosas. Podría decirte que tienes un aspecto encantador. Podría aguantarte la puerta y coger la factura de la cena. Todo eso está muy bien. Son gestos aceptados, forman parte del juego de la cita. La persona egoísta busca de manera constante su propia ventaja. Pone su propio bienestar por delante de cualquier otra cosa.

Pregúntate esto: ¿Tu novio trata de presionarte para que hagas cosas que no quieres hacer? ¿Es reacio a aceptar un no por respuesta?

Una joven a la que conozco me habló de un hombre a quien acababa de conocer. Gretchen y John se habían comunicado por medio de un sitio de citas por Internet durante semanas antes de conocerse. Cuando ella lo vio en la barra, respiró aliviada. Por fin, pensó, un tipo que está a la altura de su foto.

John era agradable. Bien parecido, triunfador y socio de un importante bufete de abogados, respondía a lo que su padre llamaría un buen partido. Gretchen sabía lo suficiente para hacer que su primera cita fuera breve. Había cometido antes el error de acudir a una cena con un tipo al que quería dejar antes de que llegara el aperitivo.

—Lo digo en serio, padre Pat —me había comentado—, ¿por qué iba a estar interesada en sus lecciones de acordeón?

Esta vez, en cambio, todo fue como la seda. Pasó la hora asignada (es decir, lo que Gretchen decidió que era una cantidad de tiempo justa para conceder a un chico en la primera cita) y John le preguntó a Gretchen si había quedado para cenar.

—No pasaba nada por romper mi regla de la primera cita —dijo con una sonrisa—, las reglas están hechas para romperse.

John era un caballero. La llevó a un encantador restaurante y la velada pasó en un intercambio de historias y flirteos. John cogió la cuenta sin vacilar y negó con la cabeza ante la oferta de Gretchen de pagar a medias. Se quedaron tomando sendos cafés irlandeses mientras los camareros ya iban limpiando a su alrededor. En total, una velada de cine, hasta que él empezó a insistirle en que pasaran la noche juntos.

Nunca te cases con un hombre egoísta.

Gretchen se había sentido atraída por John en el momento en que lo conoció, y era obvio que el sentimiento era mutuo. Aun así, y aunque habían pasado toda la velada flirteando, no tenía ninguna intención de pasar la noche con él. Otra regla de primera cita.

—Oh, vamos, Gretchen, cielo —dijo al acercarse a ella—. Ven a casa conmigo. Preparo un desayuno estupendo.

Gretchen sonrió. La frase del desayuno no era nueva, pero era bonita. Continuó haciendo otra intentona, con una frase que ella no había oído:

—¡Piensa en todas las mujeres del *Titanic* que lamentaron no haberse comido el postre!

—Oh, venga —le dijo Gretchen—, has de conseguir material nuevo.

Aun así, John le gustaba y se sentía halagada. No era la primera vez que le pedían eso, y seguramente no sería la última.

—No soy monja —me dijo—. Lo pensé un momento. Pero sólo un momento.

Ella no tenía intención de irse a casa con él, pero su petición no le molestaba. Esto es, hasta que trató de sellar el trato.

—¿A qué estás esperando? —preguntó—. La vida es corta y tienes casi treinta años.

Gretchen sintió que se quedaba sin aire. Estaba desolada. Que John le pidiera que se acostara con él en la primera cita no le impresionó, pero tampoco iba a dejarlo por eso. En cambio, por esto sí. Gretchen creía que con esas pocas palabras, John le había dicho lo que de verdad pensaba de la vida y de las mujeres. Su posición de «hazlo mientras puedas» era incompatible con la manera de pensar de Gretchen. Gretchen no era ingenua, no esperaba que cualquier cita pudiera convertirse en un cuento de hadas de felicidad, pero sabía lo que quería: alguien amable y encantador, alguien que compartiera no sólo sus deseos, sino también sus objetivos y creencias. Quería alguien que pudiera estar a su lado a largo plazo, no sólo una noche.

En cuanto a su gracia de «tienes casi treinta», bueno, no impresionó a Gretchen en lo más mínimo.

—No soy un brik de leche —me dijo—. Y no tengo fecha de caducidad.

EL AMOR NO ES IRRITABLE
NI RESENTIDO

Sexta lección

Si sabes lo que quieres es mucho más fácil apartarte de lo que no quieres.

Querido padre Pat

Querido padre Pat: He oído decir a la gente que una mujer nunca debería casarse con un hombre que es menos inteligente que ella. ¿Está de acuerdo? Firmado: *Lista y soltera.*

Querida Lista: Por lo que a mí respecta, el jurado aún está deliberando sobre esa cuestión. Si eres considerablemente más lista o mejor educada que tu marido podrías sentirte frustrada en ocasiones. Sin embargo, has de saber que hay muchas formas de inteligencia: inteligencia emocional, inteligencia matemática, inteligencia musical, inteligencia espiritual. Tu marido tendrá muchas virtudes y defectos, igual que tú. Respétalos y os irá bien.

Gretchen no esperó más. Cogió su abrigo y salió apresuradamente, pero no antes de dedicarle una frase:

—¿Sabes, John? —dijo—, para ser abogado, tu argumento final ha sido muy malo.

Tómate tu tiempo para saber lo que buscas en una pareja. No has de estar pensando en «material para marido» desde la fase de la primera cita. Sólo considera qué hay en esa primera cita que te llevará a una segunda, y posiblemente a un compromiso. Has de saber lo que quieres.

Conoce qué cualidades valoras en
tu pareja y en ti misma.

LISTA DE CRITERIOS

—Cuando era joven —me dijo una mujer en cierta ocasión—, en nuestro grupo juvenil nos dieron una lección sobre matrimonio. Nos pidieron que anotáramos las cualidades que queríamos en un marido, y lo hice. Luego nos dijeron que hiciéramos lo posible por ser esa misma persona. ¿Abogaría por un ejercicio así como preparación para el matrimonio?

Lo haría. No sólo como preparación para el matrimonio, sino como medida continuada de cómo cambia el matrimonio con el tiempo. ¡Y lo hará! Espero que no dejes de marcar tu lista, primero, en clase; luego, cuando empiezas a ir en serio con alguien; y después, frecuentemente, después de casarte.

Comprueba si él está a la altura.

Es probable que los criterios que anotaste de joven cambien cuando te hagas mayor. Por ejemplo, en tu primera lista, podrías incluir ser guapo o ser sexy como cualidades deseables en un marido. Después podrías valorar esas cualidades como menos importantes que un buen sentido del humor, amabilidad o inteligencia. Es un gran ejercicio para ayudarte a concentrarte en lo que valoras, y no sólo en tu pareja sino en ti misma.

Las siete lecciones de
El amor no es irritable ni resentido

1. Casarse no es lo mismo que sentar la cabeza.

2. No hay elección más personal que la decisión de casarse.

3. Comparar tu relación con la de otros sólo sembrará las semillas del resentimiento.

4. Cuando consideres casarte es importante que te preguntes: ¿Qué funcionará para mí?

5. Aléjate de alguien cuya vida puedes dirigir y que nunca tiene exigencias que contradigan las tuyas.

6. Si sabes lo que quieres es mucho más fácil apartarte de lo que no quieres.

7. Conoce qué cualidades valoras en tu pareja y en ti.

SIETE

El amor no se deleita con la injusticia, sino que se regocija con la verdad

> *Qué hay más importante para dos seres humanos que sentir que están unidos de por vida: para fortalecerse mutuamente en el trabajo, para apoyarse en el otro en la pena, para cuidarse mutuamente en el dolor, para ser uno con el otro en los recuerdos silenciosos e indescriptibles en el momento del último adiós.*
>
> GEORGE ELLIOT, ADAM BEDE

LLEVAR LA CUENTA

Cuando doy sermones en las bodas, me gusta citar al padre Bill Bausch, quien dice que los cónyuges han de ser malos matemáticos, es decir, que no han de estar contando las cosas que cada uno hace o deja de hacer. He oído a parejas discutir por las cuestiones más nimias e insignificantes: «Dijiste que ibas a sacar la basura.» «¿Va a volver a venir tu madre?» «No puedo creer que hayas olvidado que tenías que pasar a recogerme.» «Dijiste que ibas a _____ [llena el espacio] _____ el martes pasado y aún no lo has hecho.»

Esta perspectiva de llevar las cuentas de todo suele dar como resultado una ecuación que sólo puede resolverse en una demanda de divorcio.

Es importante que las parejas sepan cómo resolver sus diferencias, porque estas diferencias irán sumándose con el tiempo y, como el agua que desgasta las rocas, erosionarán el matrimonio.

La mayoría de la gente desea un matrimonio de amor, salud y paz. De hecho, las parejas jóvenes suelen preguntarme: «¿Cómo podemos lograr que haya paz en un matrimonio, sobre todo cuando esa cualidad parece ausente del mundo hoy?»

La paz en el matrimonio está representada por la concordia y la armonía, y da como resultado una unión equilibrada entre dos personas. No significa que no vaya a haber disensiones o desacuerdos. Habrá desacuerdos en tu matrimonio. Tendrás discusiones. Afróntalo. Y no sigas la corriente a tu marido sólo para mantener la paz, como algunas hacen. La paz es algo que las dos personas que forman un matrimonio deben lograr, no algo que una de las personas ha de mantener.

EL AMOR SE REGOCIJA CON LA VERDAD

Primera lección

Para lograr la paz en tu matrimonio has de hacer cosas que conduzcan a la paz.

Así pues, ¿cómo logras la paz en el matrimonio?

Haciendo habitualmente las cosas que conducen a la paz. Es decir, fomenta una comunicación abierta y honesta con tu pareja. Practica el arte del perdón. Sé sincera en el amor. Sé generosa con tu pareja; y que sepas que la paz y el amor van de la mano.

EL DON DE LA PERSPICACIA

He hecho hincapié en lo importante que es entrar en el matrimonio con los ojos bien abiertos. A riesgo de sonar a publirreportaje… «Pero espera. ¡Aún hay más!»

Existe la visión desde el punto de vista físico, el sentido que aporta comunicación entre tus ojos y tu cerebro. Dependemos del don de la visión (y ciertamente es un don) no sólo para ayudarnos a avanzar en el mundo, sino también para comprender todo lo que hay en él. «Si no lo veo, no lo creo», decimos. O: «Ya veo lo que quieres decir.» O incluso: «Es que no consigo verlo.» No cabe duda de que confiamos en nuestra vista de muchas maneras.

El lamento es perspicacia que llega un día tarde.

ANÓNIMO

EL AMOR SE REGOCIJA
CON LA VERDAD

Segunda lección

La perspicacia es una valiosa virtud para la vida cotidiana y una necesidad para el matrimonio.

Y aun así, hay otro tipo de visión que es igual o más importante, y es esa potenciación de la visión que conocemos como perspicacia. La perspicacia es el acto de ver no sólo lo visible, sino también lo verbal y lo emocional. Este tipo de visión —que deriva en parte de la experiencia y en parte de la intuición— es crucial para abordar la verdadera naturaleza de las cosas. La perspicacia, en la cual podemos pensar como una visión desde dentro, nos da una sensación de comprensión, de que entendemos una situación tal como es. Porque la verdad de la vida es que, pese a que has estado deseando no cometer errores en todas tus relaciones, aún has de saber cómo protegerte de ellos. Y la mejor manera de hacerlo es confiar en tus instintos y desarrollar tu perspicacia.

LA HISTORIA DE CAROL

Carol y Victor se comprometieron después de un breve noviazgo. Estaban a punto de cumplir treinta años. Era el primer matrimonio para ambos. No obstante, Victor se había comprometido en una anterior ocasión, si bien la relación se rompió antes de que se celebrara la boda. Nunca habló en serio con Carol de su anterior compromiso (ella ni siquiera sabía quién había roto con quién), aunque sí dejó claro que había terminado por completo con su ex.

—Quiero pasar página —dijo—. Vamos a casarnos.

Se fijó fecha y se alquiló salón. Victor no parecía interesado en los detalles de la boda, así que Carol se hizo cargo del proyecto.

—¿Sabes, cielo? —dijo él—, espero que esto no suene horrible, pero pasé por todo esto con Leslie y no creo que tenga valor para volver a hacerlo.

Carol intervino como la buena persona que era.

—¡Yo soy mi propio planificador de boda! —bromeó con las amigas.

Estaba un poco preocupada por la falta de compromiso de él, e incluso se preguntaba si eso significaba que no estaba tan dispuesto a la boda como le había hecho creer al principio. Sin embargo, dejó de lado sus temores y se ocupó de los preparativos.

—La verdad es que es mejor dejar esta tarea a la novia —razonó—. Por lo general, a los hombres no les preocupan estas cosas. Si les preocupan, ¿por qué no hay una revista llamada *Novio moderno*?

Nunca te cases con un hombre para el que tengas que inventar excusas constantemente.

La pareja había hablado de comprar una casa para mudarse después de la boda. Él había hablado incluso de franquear el umbral con ella en brazos. Sin embargo, cada vez que Carol le hacía preguntas concretas acerca de su nuevo hogar, tales como «¿Qué barrio deberíamos elegir?» o «¿Qué prefieres, una casa vieja o una de nueva construcción?», Victor le daba respuestas vagas. Cuando ella insistía, él decía: «Bueno, los tipos de interés son muy volátiles en este momento. Creo que deberíamos esperar.»

Así que esperó.

Cuando se acercaba el día de la boda, Victor empezó a estar inusualmente ocupado en el trabajo. Pasaba noches y fines de semana en su despacho, detrás de un montón de papeleo. Una tarde anunció:

—Necesito posponer la boda. La fecha va a entrar en conflicto con una entrega en la oficina. Ya he contactado con el pastor.

Para el asombro de sus amigos y familiares, Carol le creyó. El compromiso se prolongó durante un año más. Pensando que una boda sencilla sería mejor en ese punto, Carol renunció a los planes de una cena-baile y lo redujo a un pequeño cóctel. Cuando la nueva fecha se acercaba, Victor comenzó un programa ampliado de viajes de trabajo. Debido a su agenda sobrecargada, redujeron sus citas.

Carol consideró un signo alentador que Victor cancelara uno de sus viajes de negocios para que pudieran pasar un tiempo juntos. Cenaron con un paisaje urbano de fondo, y fue entonces cuando Victor dejó caer su bomba.

—Se acabó —dijo—. Leslie y yo lo hemos arreglado. Voy a casarme con ella.

El deseo de hacer que una relación funcione debe venir de dos personas. Si el esfuerzo viene de un solo lado, no me cabe duda de que la relación se resentirá.

Todas las parejas felizmente casadas coinciden en que hay que trabajar con ahínco para mantener a flote el buque que es el matrimonio; porque en el matrimonio ambas partes son seres humanos imperfectos cuyos defectos y fallos amenazan con hundir el barco. Si tienes que poner excusas para tu pareja, bueno, averigua por qué has de hacerlo. Si las situaciones que lo requieren son poco comunes y triviales, tal vez no haya necesidad de preocuparse. Pero ten cuidado de que no estés tapando con excusas claras señales de alarma.

Había muchas señales de alarma en la relación de Victor y Carol. Por desgracia, ella eligió no verlas. Si has de poner excusas por alguien o racionalizar su conducta para hacer que una relación funcione… te equivocas; déjalo.

EL AMOR SE REGOCIJA
CON LA VERDAD

Tercera lección

Si has de poner excusas por tu pareja o racionalizar su conducta para que una relación funcione… déjalo.

CAMPANAS de boda   O   *Sirenas* de alarma

- Es evasivo.

- Llega tarde a las reuniones familiares, sobre todo cuando se trata de tu familia.

- Miente.

- Culpa a todos los demás de sus problemas.

- Nunca perdona y nunca olvida.

- Depende demasiado de ti.

- Nunca dice «lo siento».

- Habla constantemente de su ex novia.

- Exige a todos..., salvo a sí mismo.

El matrimonio, junto con los rituales vigorizantes desarrollados a lo largo de los siglos, puede ofrecer un refugio de las «preocupaciones del mundo», un lugar donde puedas estar a salvo con tu persona amada. Muchos estudios muestran que las personas casadas viven más tiempo, vidas más sanas, e incluso tienen menos problemas con el abuso de sustancias y la depresión. Claro, están todos esos viejos chistes: ¿Las personas casadas viven más tiempo? ¡No! Sólo es una percepción; El matrimonio no es una palabra: es una pena de cadena perpetua, o «Certificado de matrimonio» es sólo otra forma de decir «permiso de trabajo». Supongo que esos chistes son de esperar. Y no hay que tenerlos en cuenta.

Una boda ofrece a dos personas la oportunidad de declarar su amor mutuo. El matrimonio ofrece la oportunidad de vivir juntos ese amor. Decisión y declaración son conceptos clave, igual que lo es la intención. Por supuesto, en algunos casos el matrimonio puede ser el resultado de un impulso, el último acto del juego de la seducción. En su mayor parte, sin embargo, la decisión de casarse es una decisión informada, guiada por la intención y no por un encaprichamiento. La mayoría de las parejas se toman en serio la decisión de casarse —de hacer una declaración no de independencia, sino de interdependencia— y también se toman en serio la importancia de sus votos.

Considera las siguientes declaraciones de amor:

- Estoy delante de familiares y amigos para tomar tu mano como mi pareja.

- Te tomaré por esposa a partir de este día, en las alegrías y en las penas, en la riqueza y en la pobreza, en la salud y en la enfermedad, para amarte y respetarte hasta que la muerte nos separe.

- Te desposo para que seas mi cariñoso y fiel esposo, mi constante amigo, mi fiel compañero, y mi amor desde hoy en adelante.

- En presencia de Dios y de nuestra familia y amigos, te ofrezco mi voto solemne de ser tu compañero fiel en la enfermedad y en la salud, en los buenos y los malos tiempos, tanto en la alegría como en el dolor.

- Prometo amarte sin condiciones, apoyarte en tus metas, honrarte, reír y llorar contigo, y respetarte mientras viva.

- Prometo respetar nuestra unión y amarte cada día más que el día anterior.

Fíjate en las palabras que usan estas parejas: amor, respeto, amigo constante, fiel compañero. Cosas buenas, sin lugar a dudas, y van acompañadas de un juramento, una promesa, una ofrenda. ¡Hablan de intención!

Por lo tanto, toma en serio tus votos matrimoniales y sé consciente de que aunque la riqueza se convierta en pobreza o la salud en enfermedad, los dos componentes de la unión se nutrirán mediante la realización de los actos cotidianos que, en su conjunto, sostienen los votos matrimoniales.

La decisión de casarse debería estar guiada por la intención, no por el encaprichamiento.

Querido padre Pat

Querido padre Pat: Mi novio y yo nos fuimos a vivir juntos hace unos meses y me preocupa que no cumpla con su cuota de tareas a menos que me enfade con él, cosa que no me gusta. Lo quiero mucho, pero su holgazanería me pone de los nervios y está haciendo que me replantee todo. Firmado: Écheme una mano.

Querida Écheme una mano: Estás aprendiendo lo que han aprendido mujeres y hombres de todo el mundo, que una cosa es salir juntos y otra cohabitar. Apuesto a que tú y tu novio os fuisteis a vivir juntos sin pensar demasiado en lo que queríais de la relación. Aprovecha la oportunidad para discutir tus reivindicaciones con él sin enfadarte. Si no podéis llegar a un acuerdo —o si él no puede cumplirlo—, entonces es hora de pedirle ayuda con una última tarea: que te ayude a mudarte.

La mayoría de las parejas que acuden a mí con la intención de prepararse para el matrimonio están viviendo juntas, aunque la mayoría de estas personas son católicas, cuya Iglesia como mínimo desaprueba esta práctica.

En 1960 menos de medio millón de parejas vivían juntas antes del matrimonio. En 1998 el Census Bureau anunció que esa cifra era de cuatro millones. Hay muchas razones para ese drástico aumento. Para empezar, aunque los familiares podrían desaprobar la costumbre, en la actualidad se tolera y rara vez se habla de «vivir en pecado». Por otro lado, las parejas se casan a una edad más avanzada, con frecuencia cumplidos los treinta. ¿Es justo, se preguntan, exigir a esas parejas que contengan su actividad sexual durante tanto tiempo y en el momento de sus vidas en que el impulso sexual es más poderoso? Además, el hecho de que la tasa de divorcio sea tan alta, hace que las parejas recelen de casarse. Mejor probar antes, dicen, que pegarse un batacazo.

> *No soñaría con casarme con alguien con el que no hubiera vivido. Es como comprarse unos zapatos sin probártelos antes.*
>
> DRA. JOYCE BROTHERS

La doctora Joyce Brothers, esa experta anterior al doctor Phil y a Oprah Winfrey en el arte de las relaciones, está a favor de que las parejas cohabiten antes del matrimonio. Para la doctora Brothers, el sentido común y el concubinato van de la mano. Ahora bien, el dictamen de estudios realizados sobre el hecho de vivir juntos antes del matrimonio no coincide con ella. Algunos estudios muestran que aquellos que viven juntos son más propensos a divorciarse cuando se casan; de hecho, el 50 % más propensos. Otros estudios muestran que la tasa de divorcios es más elevada en parejas que viven juntas más de tres años. Además, aquellos que han cohabitado podrían mostrar signos de no hallar la vida matrimonial tan satisfactoria como habían esperado.

Yo no puedo decirte qué has de hacer.

Tanto si eliges vivir en pareja antes del matrimonio como si no, la decisión es tuya. Dicho esto, nunca dejes que tu novio te presione para ir a vivir juntos. Si ésa es una ruta que estás considerando, ambos tenéis que elegirla libremente y juntos. Pero has de saber en qué te metes y qué quieres.

Te propongo que debatas con tu pareja acerca de qué «fase» de vuestra relación constituye irse a vivir juntos. ¿Es un elemento precursor del matrimonio, una forma de disipar los temores y, como diría la doctora Brothers, «probaros mutuamente»? ¿O es sólo algo para ahora, una manera de ahorrar en el alquiler y juntar los muebles? El hecho de que abordéis estas cuestiones antes de vivir juntos bien podría influir en vuestra decisión.

No dejes que nadie te presione para vivir juntos antes del matrimonio. Has de saber en qué te metes y lo que quieres.

Algunas parejas que cohabitan, precisamente porque no tienen una relación de compromiso que abarque presente y futuro —o, me atrevo a decir, un compromiso «en lo bueno y en lo malo»— son reacias a plantearse cuestiones globales por miedo a asustar al otro y perderlo. Ahora bien, si es arriesgado sacar a relucir cuestiones importantes, piensa en el riesgo que supone barrerlas debajo de la alfombra. Muchas parejas que cohabitan tienden a no hablar de las cuestiones importantes que las parejas casadas han de afrontar: hijos, economía, metas en la vida, puestos de trabajo. ¿Estás dispuesta a dejar esas cosas al azar?

SOBRE EL DINERO

Hombres y mujeres que viven juntos fuera del matrimonio suelen ser independientes en su uso del dinero. Esto no es una preparación para el matrimonio, donde la interdependencia es la esencia de la relación. Cosas como ahorrar para una vivienda o gastos a largo plazo no pueden surgir cuando una pareja cohabita. Si uno de los dos se enferma en una pareja que vive bajo el mismo techo, el individuo sano no tiene ninguna responsabilidad de pagar por los gastos médicos del otro. Es diferente en el matrimonio.

Preguntas para parejas que están pensando en vivir juntas

- ¿Vais a vivir juntos «antes» del matrimonio o «en lugar del» matrimonio?

- ¿Vuestra decisión de vivir juntos está motivada más por miedo (de un potencial divorcio, de presiones económicas, de la soledad) que por amor?

- ¿Pensáis que vuestro conocimiento mutuo se hará más profundo?

- ¿Vivir juntos fortalecerá vuestro compromiso?

- ¿Has expresado con franqueza la causa de tu renuencia a casarte? ¿Puedes olvidar tus preocupaciones?

- ¿Cuál es la fuente de tu recién hallada fuerza y resolución?

- ¿Tu familia y amigos apoyan tu decisión?

La realidad es que las parejas no comprometidas en matrimonio son más propensas a poner fin a una relación bajo circunstancias complicadas o cuando las cosas se ponen peliagudas. Y esto suele pasar cuando hay dinero de por medio.

> *Después de casaros, cualquier bien que cualquiera de los dos compre será de propiedad común.*
> *Por eso los dos tenéis que estar de acuerdo en vuestros objetivos económicos a largo plazo, desde pagar la hipoteca a ahorrar para la jubilación. Lo ideal sería que hablarais esto antes de casaros. Si no lo hacéis, podéis terminar profundamente frustrados y económicamente desgastados.*
>
> SUZE ORMAN

EL NEGOCIO DEL MATRIMONIO

A algunas personas les gusta compartimentar sus vidas.

—Creo que el matrimonio es como un pequeño negocio —me dijo un joven—, donde cada socio tiene su trabajo.

Su prometida no parecía convencida.

—Quiero compartir nuestra vida —dijo—, no abordarla como si estuviéramos verificando una lista de responsabilidades. ¿Me estoy perdiendo algo en su comparación del matrimonio con un pequeño negocio?

> *El matrimonio no es sólo una comunión espiritual,*
> *también hay que acordarse de sacar la basura.*
>
> DRA. JOYCE BROTHERS

Puedo entender por qué el concepto de matrimonio como pequeño negocio es atractivo para este joven. Necesita contener la angustia que le provoca su inminente boda, y por eso, siendo dueño de un pequeño negocio, quiere recurrir a lo familiar para comprender ese gran desconocido que es el matrimonio. Eso tiene sentido. Desde luego, por lo que a comparaciones respecta, he oído peores. La forma de pensar de este joven comprometido muestra una comprensión de que el matrimonio es algo más que la fase siguiente al amor y el encaprichamiento. En la vida conyugal, la responsabilidad es tan importante como el romanticismo, y este hombre parece entenderlo. Aun así, le aconsejo que pise el freno antes de esbozar las descripciones de los trabajos del señor y la señora.

La analogía del matrimonio con un pequeño negocio es incompleta, porque sólo aborda una parte de la vida matrimonial, a saber, las responsabilidades compartidas. Pero ¿qué hay de los conceptos no mesurables como la intimidad? Los compañeros de negocios no necesitan intimidad entre ellos, las parejas casadas, sí. Los dos necesitáis sentaros y hacer inventario (¡ésa es una buena palabra de negocios!) de vuestras expectativas, y hablar con franqueza de todo lo que implica la vida de casados, como niños, sexo, perdón, familia política. En el matrimonio hay mucho más que la perspectiva de negocio.

| EL AMOR SE REGOCIJA CON LA VERDAD *Sexta lección* | No olvides hablar de conceptos no mesurables como la intimidad. |

INVENTARIO DE TU MATRIMONIO

Completa estas frases con tus ideas sobre cada una de las siguientes cuestiones:

La cualidad más admirable de mi pareja es ....
....
....

La cualidad menos admirable de mi pareja es ....
....
....

Me siento más a gusto con mi futura pareja cuando ....
....
....

Me siento más incómodo con mi futura pareja cuando ....
....
....

Veo la promesa de matrimonio como ....

....

....

Lo que más me preocupa del matrimonio es ....

....

....

El sexo es ....

....

....

En lo que se refiere a placer sexual nuestras necesidades son .....

....

....

El sexo sin ternura es ....

....

....

Los métodos de mis padres para educar a sus hijos eran ....

....

....

Educaremos a nuestros hijos ....

....

....

Habla sobre: me gustaría vivir contigo hasta que la muerte nos

separe ....

....

....

Habla sobre: fidelidad ....

....

....

¿Hay una fuerte atracción física hacia el otro? Había, en una de las fórmulas que se usaban en las bodas, una frase maravillosa que cada uno de los cónyuges decía en su turno: «Con mi cuerpo, te venero.» Se presumía que cada cónyuge se deleitaría en hacer el amor con el otro, que cada uno haría de su propio cuerpo un regalo al otro sin reservas, venerablemente. ¡Si no sientes atracción física por tu novio, no te cases con él! Si tienes problemas, podría ser sensato visitar a un terapeuta sexual.

> No te cases con un hombre por el que no sientes atracción física.

Recientemente vi una película, *Hasta que el cura nos separe*, una hilarante parodia de un programa de preparación del matrimonio que has de completar si quieres una boda católica. Esa película era una película interesante, aunque superficial, sobre cómo funciona este curso.

En una escena, el sacerdote, representado por Robin Williams, hace una visita sin anunciar al apartamento de la pareja comprometida para discutir sobre su vida sexual y procede a hacerles preguntas íntimas:

Padre Frank: Ben, ¿hablar de sexo te hace sentir incómodo?

Ben: No, tenerle a usted en el salón hablando de sexo, eso sí que me hace sentir incómodo.

Éstas son algunas preguntas esenciales que el novio y la novia han de responder de manera completa y honrada. Sé que pueden plantearse por separado, con la novia y el novio en habitaciones diferentes, pero el lado sexual del matrimonio es el más íntimo, así que por qué separarse ahora.

- *¿Vuestro amor ha crecido desde que vais en serio uno con el otro?*
- *¿Ves en esta persona las cualidades que querrías en tus hijos?*
- *¿Os amáis con igual intensidad y estáis seguros de que vuestro amor no tiene una sola cara?*
- *¿Tienes una sensación de seguridad y confianza en tu pareja?*
- *¿Sabes si será una fuente de fortaleza sean cuales sean las dificultades que puedan surgir en vuestro matrimonio?*
- *¿Crees que tendréis buena o mala fortuna como pareja? Y ¿serás capaz de aceptarla como tal?*
- *¿Hay una fuerte atracción física hacia tu amado?*

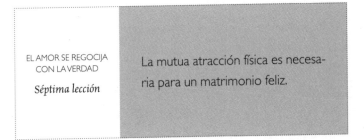

EL AMOR SE REGOCIJA
CON LA VERDAD

Séptima lección

La mutua atracción física es necesaria para un matrimonio feliz.

Las siete lecciones de *El amor no se deleita con la injusticia, sino que se regocija con la verdad*

1. Para lograr la paz en tu matrimonio has de hacer cosas que conduzcan a la paz.

2. La perspicacia es una valiosa virtud para la vida cotidiana y una necesidad para el matrimonio.

3. Si has de poner excusas por tu pareja o racionalizar su conducta para que una relación funcione… déjalo.

4. La decisión de casarse debería estar guiada por la intención, no por el encaprichamiento.

5. No dejes que nadie te presione para vivir juntos antes del matrimonio. Has de saber en qué te metes y lo que quieres.

6. No olvides hablar de conceptos no mesurables como la intimidad.

7. La mutua atracción física es necesaria para un matrimonio feliz.

OCHO

El amor todo lo disculpa, todo lo cree, todo lo espera, todo lo soporta. El amor nunca se rinde

Mirar atrás riendo

Una pareja cuya boda oficié hace unos diez años me cuenta que cada año, en el aniversario de su boda, después de desterrar a sus dos hijos a la sala de la tele, se sientan a la mesa de la cocina con el vídeo de su boda, mi sermón incluido, en un ejercicio tenso de infructuosa nostalgia. Cuando paran de reír y llorar, cada uno de ellos anota lo que piensa del otro después de tantos años de vida de casados: una experiencia arriesgada, pero que permite el crecimiento personal y la madurez.

LA HISTORIA DE JOHANNA

Johanna había acudido a mí varias semanas antes de su décimo aniversario de bodas. Ella y su marido iban a renovar sus votos y querían que yo me ocupara de la ceremonia.

—Sería un honor —le dije.

Cuando nos sentamos a hablar de sus planes para la celebración del aniversario, ella me habló de algo que le había ocurrido cuando estaba a punto de casarse.

—Cuando estaba planeando mi boda, rompí una antigua copa de vino que mi marido y yo pensábamos usar para el brindis —me contó Johanna.

La copa de vino, que había pertenecido a la familia desde hacía años, formaba parte de un juego. Una copa tenía grabadas las palabras «Amor eterno» mientras que la otra, la que tenía el pie roto, decía «Verdad eterna». Johanna trataba de no ser supersticiosa, pero con los nervios de antes de la boda le preocupaba que eso pudiera ser una señal.

Johanna rompió a llorar cuando le habló a su madre de la copa rota.

—Mamá trató de calmarme. Me dijo que no era importante, que al fin y al cabo sólo era cristal. Pero no pude evitarlo. Parecía que todos mis temores en relación con el matrimonio se habían materializado en esa copa rota.

La madre de Johanna se conectó a Internet para ver quién podía reparar la copa. No era fácil, pero al final encontró un sitio a una hora de coche de su casa.

—La tienda la regentaba una pareja mayor encantadora —continuó Johanna—. Marido y mujer probablemente tenían más de setenta años cada uno.

Al parecer, el señor y la señora Gemmell habían trabajado muchos años juntos: ella se ocupaba de los clientes y él hacía las reparaciones en la trastienda. Por la descripción de Johanna, me dio la impresión de que la tienda había tenido éxito en su momento, pero no por mucho tiempo. Era en palabras de Johanna «una de esas dulces reliquias del pasado».

Yo que tengo ochenta años no tuve mucha dificultad en imaginar esa «reliquia».

—Sé que sólo tenía veintitrés años —dijo Johanna—, pero había algo en ese lugar que me hizo sentir nostálgica. Quizá fue por la forma en que la señora Gemmell me preparó una taza de té mientras esperaba a que su marido reparara la copa. O porque no paraba de llamarme «querida». ¿Quién sabe? La cuestión es que ella me hizo sentar y escuchó con mucha atención mientras yo le contaba los detalles de mi boda. Me dio la sensación de que estaba recordando su propia marcha hacia el altar, muchos años atrás. Y mientras ella miraba atrás, yo no pude evitar mirar adelante. ¿Mi marido y yo formaríamos una pareja tan buena como aquélla?

Soy una buena amiga de mi marido. He tratado de que los votos de mi matrimonio sean lo que dicen. Estoy presente. Escucho. Trato de reír.

ANNA QUINDLEN

—Esa mujer era muy dulce, y también muy perceptiva —me contó Johanna—. Me cogió de la mano y me dijo: «Dime, querida, ¿qué te preocupa?»

»Yo traté de contarle que todo iba bien, que sólo estaba ocupada con la boda, pero ella no me creyó.

»"Puede que estos ojos viejos no vean tan bien como antes, pero me doy cuenta de que te pasa algo." No hizo falta que dijera nada más —explicó Johanna—, me eché a llorar… y luego le conté toda la historia. Lo que había que contar.

Johanna estaba sonriendo al recordarlo.

—La señora Gemmell me miró con tanta amabilidad que me sentí un poco aliviada. Y luego yo hice la pregunta que me había perseguido desde que se rompió la copa: «¿Cree que es una mala señal? No sé, cristales rotos… matrimonio roto?»

»"Es una señal de que el cristal es viejo", dijo ella con una sonrisa. "Nada más. Piensa en todos los cristales rotos en el mundo. Ahora piensa en todos los matrimonios felices. No hay absolutamente ninguna relación entre las dos cosas, te lo aseguro. No pierdas tiempo preocupándote por eso, querida. Tu amor es fuerte, no es frágil como el cristal. Lo noto. Además, se rompen cosas en todas las relaciones, lo que importa es la forma en que las recompones. Vete y que tengas una boda maravillosa… y una vida maravillosa."

EL AMOR LO AGUANTA TODO

Primera lección

Las cosas van mal en todas las relaciones. Lo que cuenta es cómo afrontas lo malo.

»¿Sabe, padre Pat?, todos los años mi marido y yo usamos esas copas para brindar por nuestro aniversario. El primer brindis es por nosotros. El segundo, por la señora Gemmell.

LA VERDAD DEL AMOR VERDADERO

—Estoy saliendo con un hombre que dice que no cree que exista el amor verdadero —me confió una mujer—. ¿Por qué dice eso?

—Pregúntaselo —dije.

Ella sonrió ante la sencillez de mi respuesta.

—En serio —insistí—. Pregúntale. Descubre cómo define el amor verdadero. Mejor aún, pregúntale cómo define la «verdad» y el «amor» por separado y luego pregúntale si ha experimentado algún tipo de amor en su vida.

—No estoy segura de comprenderlo —dijo—. ¿Acaso no sabe todo el mundo lo que es el amor verdadero?

—¡Ni hablar! Y ahora tienes la oportunidad de plantear una discusión que debería abordar más gente. Muy a menudo damos por sabidas nuestras nociones de lo que es el amor verdadero. Evocamos experiencias de nuestras propias vidas, reales o imaginadas. Tomamos impresiones de libros y películas, y de las relaciones que nos rodean. En estas experiencias basamos no sólo nuestra idea de amor, sino también nuestro ideal de amor.

> *El amor es algo ideal, el matrimonio es algo real.*
>
> GOETHE

Ella asintió. Pobre niña. Debería haberse dado cuenta de que eso sólo me animaría a continuar.

—Hay muchas posibilidades de que tu amigo tenga una reacción alérgica a la industria de las flores y los corazones —dije—. Ya sabes, la gran maquinaria que impulsa las tarjetas de San Valentín, las velas aromatizadas, las comedias románticas y todos esos peluches ridículamente dulces que dicen cosas como «Te quiero muuucho».

»O quizá no soporta la noción de un "alma gemela", la idea de que hay una persona y una sola que puede completarte o servirte como tu media naranja. En ese caso, creo que tienes un hombre sensible. Yo tampoco estoy de acuerdo con la idea del alma gemela, con la idea de que hay un alma predestinada por el cielo para ser tu única pareja posible. Es una idea que parece implicar que cuando la encuentres, encajaréis a la perfección, como dos piezas de un puzle, sin necesidad de intención o esfuerzo por tu parte. ¡Qué presión! ¡Qué paparruchas!

Mi joven amiga se limitó a sonreír.

—Ahora bien —continué—, aunque diga que no cree en el amor verdadero, ¿te dice «Te quiero»? En ese caso, qué quiere decir con eso. ¿Su conducta hacia ti, a pesar de sus protestas, coincide con tu definición de amor? Podría estar simplemente poniéndose la máscara de cinismo, porque es su única manera de enfrentarse a un mundo duro. Y si estás pensando en casarte con este joven, asegúrate de mantener una conversación respetuosa y profunda sobre vuestra relación antes de comprometerte.

¿Qué es amor?

El amor es una elección que haces de momento a momento. (Barbara de Angelis)

El amor es una emoción experimentada por muchos y disfrutada por pocos. (George Jean Nathan)

El amor es una promesa, el amor es un recuerdo, una vez que se da nunca lo olvidas, nunca dejas que desaparezca. (John Lennon)

El amor es la única fuerza capaz de transformar a un enemigo en un amigo. (Martin Luther King, Jr.)

El amor es un estado en el cual la felicidad de otra persona es esencial para ti. (Robert Heinlein)

Puede que sientas que nunca estarás a la altura de los criterios de matrimonio que has establecido para ti. A medida que se acerca tu boda, puede que sientas que trastabillas bajo esta sensación de imposibilidad. El temor es un elemento normal de la vida. Incluso la Biblia lo reconoce. ¿Sabías que la sencilla y hermosa expresión «No temas» aparece 365 veces en ese libro? Eso es una vez por cada día del año. Usa esto como un mantra cuando el temor levante su desagradable cabeza.

Claro que, para mí, es fácil decirlo. Me he encontrado de pie en el altar muchas veces, pero nunca he caminado hacia él para encontrarme con mi prometido. ¡Qué perspectiva más aterradora ha de ser! Supongo que por eso a veces, al acercarse el día de la boda, la novia se transforma. No diría que sufre una mutación, pero desde luego he visto algunos comportamientos un tanto desquiciados. En la mayoría de los casos, he descubierto que la conducta de la novia estaba provocada por el temor a defraudar a su pareja, por el miedo a no ser una buena esposa.

> *Cuando haces un sacrificio en el matrimonio,*
> *no te estás sacrificando por el otro,*
> *sino por la unidad en la relación.*
> JOSEPH CAMPBELL

Todo el mundo tiene sus cosas. Y todo el mundo tiene sus temores. Muchos futuros maridos también se sienten igual y actúan de la misma manera. Así que el primer paso consiste en reconocer que este temor prematrimonial es normal para los dos. Estáis a punto de haceros una promesa que alterará vuestras vidas. Eso basta para poner nervioso a cualquiera. No obstante, si temes no estar a la altura de las expectativas de tu pareja, díselo. Háblale de manera reflexiva, usando ejemplos concretos.

- *¿Qué temes de ti o de él?*
- *¿Qué es lo que más temes de tu futuro matrimonio?*

Esto debería conducir a una conversación fructífera e innovadora.

Si habéis tenido un compromiso de un año, si habéis acudido a orientación y os habéis planteado las preguntas adecuadas de por qué os casáis, tenéis muchas posibilidades de ser felices. Respira hondo y recuérdate: «No tienes nada que temer más que el miedo en sí.» Y quizás a la empresa de *catering*.

Dicho esto, aunque los temores anteriores a la boda son perfectamente normales y por lo general sin fundamento, es importante distinguir entre temores anteriores a la boda y un temor real y sólido respecto a tu pareja. Los temblores del día anterior a la boda son normales. No obstante, si al acercarse el gran día sientes una inefable ansiedad ante la perspectiva de casarte con ese hombre, espera hasta que aplaques esos temores. Si no puedes aplacarlos, ¡no te cases con él!

Si no puedes aplacar temores serios antes de la boda, no te cases.

EL SEÑOR ADECUADO O UN SEÑOR ADECUADO

He oído muchas veces que las mujeres se comprometen y están profundamente enamoradas, y aun así pueden sentirse atraídas por otros hombres.

—Estoy comprometida —me dijo una mujer en cierta ocasión—. Nunca he hecho nada que ponga en peligro mi relación; aun así, en ocasiones me siento atraída por otros hombres. Incluso me enamoro de ellos. —En este punto giró el anillo de compromiso en su dedo—. Nunca actuaría siguiendo estos impulsos, pero ¿por qué me ocurre esto? Sé que nadie es mejor para mí que mi prometido y que nadie podría reemplazarlo. ¿Es que mi ego necesita un impulso?

Dices: «Nadie es mejor para mí que mi prometido» y «Nadie podría reemplazarlo». Estas afirmaciones no son muy ciertas.

Te sientes tan confundida porque no sólo hay una persona con la que puedas comprometerte con éxito.

Hay muchos señor Adecuado. Un matrimonio duradero se basa en muchas cosas: amor, objetivos compartidos, un deseo de labrarse una vida juntos. Sin embargo, encontrar a la persona que vas a decidir que es el señor Adecuado tiene más que ver con el azar que con el destino. Al avanzar en tu vida, conocerás a muchos hombres con los que podrías tener un buen matrimonio. Cuando hayas hecho tu elección, regocíjate en eso, comprométete con eso, y haz lo posible para que funcione.

UN DÍA PERFECTO

—Una vez que acepté su propuesta —dijo una mujer comprometida—, empecé a preocuparme con la boda.

—No tenemos dinero —explicó el novio—. Nuestros padres no tienen dinero.

—Estoy perversamente complacido de que no tengáis dinero para pagar vuestra boda —dije—. Eso significa que en el día de vuestra boda os centraréis en cosas esenciales como vuestros votos, o las lecturas, y no en cosas no esenciales como el color de los vestidos de las damas de honor. Empezaréis vuestra vida de casados con buen pie y ¡ningún cura o párroco se negará a oficiar en vuestra boda porque estáis pelados!

Así que ánimo.

Cuando un tornado devastó la localidad de McGee, Misisipí, un martes de marzo de 2009, una pareja estaba pensando en su boda del sábado siguiente. La iglesia local, donde tenía que celebrarse la boda, quedó destruida. Cuando la novia se encontraba en los alrededores de la iglesia en ruinas, el pastor le prometió que la boda se celebraría como estaba previsto, que juntos encontrarían un lugar para reunirse con los invitados. A pesar de las calamitosas consecuencias del desastre natural, se presentó una ocasión para que la pureza del acontecimiento se celebrara en su esencia espiritual.

Una y otra vez he oído decir a gente que no tenía un centavo al iniciar su vida matrimonial que la situación los unió, porque se apoyaron con amor durante tiempos de penurias.

Trato de disuadir a las parejas de la convicción cada vez más generalizada según la cual obtener una buena posición económica debe preceder necesariamente al compromiso. Una vez más, mucha gente parece confundir la boda con el matrimonio. Es perdonable. Los que van a casarse pronto han de soportar mucha presión que los empuja a escribir el perfecto cuento de hadas de una boda.

En 2006, según los cálculos de Condé Nast, la industria de las bodas estadounidense estaba valorada en 161.000 millones de dólares, con un gasto promedio en una sola boda de 28.000 dólares.

No es necesario. Fíjate en el ritual del matrimonio en el que está contenido el misterio del compromiso. Es un ritual público, celebrado ante todos aquellos que a partir de ese momento funcionarán como la comunidad personal de la pareja. La rica tradición, el intercambio de votos y anillos, las bendiciones y plegarias para el nuevo matrimonio, todo culmina en esa promesa definitiva de los miembros de la pareja de dedicarse mutuamente sus vidas.

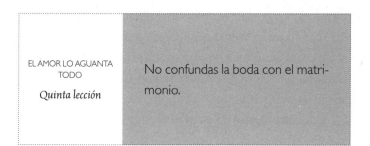

EL AMOR LO AGUANTA TODO

Quinta lección

No confundas la boda con el matrimonio.

HABLANDO DE AMOR

«¿Estarías dispuesto a empezar una conversación conmigo que dure toda la vida?», preguntó un hombre a su novia.

Contrastemos esto con la propuesta del novelista inglés Evelyn Waugh a su primera mujer: «¿Por qué no nos casamos y vemos cómo va?» No parece la mejor manera de emprender una vida en común.

Todos hemos oído historias de proposiciones divertidas o raras. El tipo que elige el marcador electrónico de un estadio para pedirle la mano a su novia. La pareja que se va a Las Vegas por un capricho. Piensa en ello. La decisión de casarte afectará toda tu vida. ¿De verdad quieres empezar algo tan importante como si tal cosa? Una relación que está regida por el respeto exige una propuesta respetuosa. Una propuesta cariñosa y reflexiva marca el tono del desarrollo emocional del matrimonio.

Una pareja con la que hablé contó esta historia del momento en que se comprometieron.

—Para mí el suceso está teñido de nostalgia, como uno de los episodios de *El último show* —empezó el novio—. Recuerdo la emoción del momento, aunque se me escapan muchos de los detalles. Hacía buen tiempo. Ella estaba inquieta en ese momento porque yo iba a pasar varios meses en Rusia.

—Estaba seguro de que iba a conocer a alguna Katerina o Svetlana… —dijo ella.

Percibí un atisbo de celos en sus palabras y, sabiendo lo perniciosos que pueden ser los celos en la vida matrimonial, me pregunté si la narración estaba a punto de dar un giro inesperado.

—Ya eran las doce y media, una de la madrugada —continuó el novio—. Había luna llena. Habíamos hecho una barbacoa. Estábamos sentados en la rampa de *skate* y ella estaba llorando. Y yo pregunté: «¿Qué haría falta para convencerte de que siento por ti lo mismo que tú por mí?»

EL AMOR LO AGUANTA TODO

Sexta lección

Una propuesta cariñosa y reflexiva establece el tono del desarrollo emocional del matrimonio.

»Así que dije: "Me gustaría proponerte matrimonio ahora mismo. Me gustaría que aceptaras ser mi prometida, justo bajo la luz de la luna. No tengo nada que ofrecerte salvo mi palabra, pero me gustaría que pensaras en esto." Me declaré en una rampa de *skate*, en mi patio.

Me complació oír el comentario del novio: «Me gustaría que pensaras en esto.» Es una buena señal ver que un hombre no impone prisas a su futura esposa en la decisión de comprometerse.

La pareja me mostró sus anillos.

—Compramos estos anillos —dijo el novio—, uno por quince dólares y el otro por veinte. Planeamos algún día cambiarlos por otros de plata de ley o de acero quirúrgico. Quizá platino.

Les dije que me alegraba que no gastaran demasiado en los anillos y que se olvidaran de comprar anillos caros, de plata o platino. ¡Invertid el dinero en los fondos universitarios de los niños!

CAMPANAS de boda O *Sirenas* de alarma

🐾 Por correo electrónico. ¡Se declaró por *mail*! Me indignó tanto que lo mandé al buzón de correo no deseado. (Barbara J.)

🐾 Planteó la pregunta cuando estábamos esperando en la cola del McDonald's. (Linette V.)

🐾 Es increíble, pero le pidió a su mejor amigo que me lo preguntara. Les dije que no a los dos. (Mary L.)

🐾 Me mandó un mensaje de texto y ni siquiera puso un emoticono. (Katherine N.)

🐾 Era 13 de abril y estaba haciendo la declaración de renta. Me preguntó si podríamos presentarla conjunta al año siguiente. (Miriam F.)

Una mujer joven me preguntó una vez si la edad es un factor para determinar si estás preparada para casarte.

—Tengo un amigo —dijo— que tiene diecinueve años y está comprometido, pero sé de otras personas que esperan a casarse hasta los treinta y tantos o los cuarenta y tantos.

—He conocido a jóvenes que son muy maduros en sus puntos de vista y sus acciones —le dije—. Y he conocido a personas de mediana edad que se resisten a crecer. Así pues, como siempre, las generalizaciones son peligrosas.

Cuando era adolescente, un amigo mío también adolescente se enamoró de una chica de quince años. Ninguno de ellos miró a nadie más, y, por supuesto, fueron objeto de muchas burlas por parte de tipos insensibles como nosotros. En cuanto pudieron, se casaron, y el matrimonio aún es sólido, cincuenta años después.

Cuando buscas pareja, el truco consiste en recordar que aquellos (utilizo el plural deliberadamente) que manifiestan signos de madurez serán una buena apuesta para contraer matrimonio. También utilizo la palabra apuesta deliberadamente, porque puedes elegir como cónyuge a la persona más madura del barrio y eso no te garantiza que todo vaya bien. El matrimonio es un riesgo calculado, pero casándote con los ojos abiertos lo disminuirás enormemente.

Ahora que la gente vive más tiempo he oficiado muchas bodas en las que la novia y el novio son mayores que yo. ¡Viva el romanticismo! Estas parejas no están de acuerdo con mi venerado Samuel Johnson, quien dijo en una ocasión: «¡Los segundos matrimonios son el triunfo de la esperanza sobre la experiencia!» En un año cualquiera, casi la mitad de los matrimonios son segundas nupcias para uno o ambos cónyuges.

Una mujer mayor estaba sentada en un banco del parque en un día de primavera. Un caballero de edad similar se sentó a su lado.

Mirándolo, ella comentó:

—Es usted igualito a mi tercer marido.

—¿En serio? —replicó el caballero—. ¿Cuántas veces se ha casado usted?

Ella lo miró y respondió con una sonrisa:

—Dos.

PERDÓN Y OLVIDO

Poseer un espíritu capaz de perdonar es un requisito para la vida matrimonial. Algunos consejos sobre el arte de perdonar:

No olvides nunca que la persona que te ha hecho daño es un ser humano digno de ser tratado con dignidad, aunque te haya herido. Recuerda que es un hijo de Dios, hecho a Su imagen y semejanza. La posesión de estas dignidades exige que se le perdone. Otra forma de expresarlo consiste en separar lo que la persona te ha hecho de lo que la persona es.

> *Se dice que la gente se enamora por química,*
> *o porque quedan prendados el uno del otro,*
> *a causa de múltiples atenciones, por una cuestión*
> *de suerte. Pero el perdón y el agradecimiento*
> *han de formar parte de esos motivos.*
>
> ELLEN GOODMAN

Perdonar no es lo mismo que olvidar.

Olvidar a menudo exige tiempo.

Me gusta contar la historia de Clara Barton, fundadora de la Cruz Roja de Estados Unidos. Un amigo le preguntó si se acordaba de un terrible daño que le hubieran causado en algún momento del pasado.

—No —dijo Clara—, recuerdo claramente que lo olvidé.

San Agustín nos dio dos aforismos sobre el perdón. Dijo: «Nunca creas que tu enemigo puede hacerte más daño que tu propia hostilidad.» Hermoso.

Traducción: nuestro espíritu incapaz de perdonar nos causa más daño que la persona que nos hirió.

Recuerdo hace años un sacerdote compañero que deshizo de modo brutal una comunidad de fieles que yo había ayudado a construir. ¡Estaba indignado! Me quedaba despierto por la noche, pensando en cómo iba a tratarlo cuando lo viera de nuevo. ¿Le haría un desaire? ¿Lo atacaría con el arpón de mi ingenio? ¿Le daría la espalda? Allí estaba yo, devorado por el deseo de algún tipo de represalia, mientras que él seguramente estaría durmiendo tan tranquilo, felizmente ignorante de que yo estaba dando vueltas en la cama, soñando con los métodos de venganza.

Sin embargo, existe un segundo principio del perdón de San Agustín: «Nunca [como la mayoría de los pecadores reformados, le gustaba comenzar las oraciones con "Nunca"] creas que el daño que otro te causó se generó completamente fuera de ti.» Traducción, para mí al menos: cuando alguien me hace daño, las más de las veces debo admitir que yo soy en parte la causa del comportamiento de esta persona hacia mí. Lo provoqué con mi propia insensibilidad o arrogancia, o con mi falta de voluntad para escuchar.

¿Qué otra cosa podría hacer del perdón algo un poco más fácil de practicar?

Un amigo mío terapeuta familiar me recuerda que algunas personas se enfrentan a su propio dolor infligiendo dolor a otros. ¿Has notado eso en ti misma? Te han herido, y la única manera de afrontar tu dolor es criticar duramente al otro, que se queda estupefacto por tu incomprensible comportamiento.

Hace años, yo era capellán de un gran hospital. A la enfermera jefe recién nombrada de una de las salas la detestaban todas las enfermeras que tenía a sus órdenes. Un día, una de las enfermeras descubrió que antes de que le dieran ese puesto, su hijo de cinco años de edad se había ahogado en una piscina doméstica. La actitud de las enfermeras hacia su superior pasó de ser de hostilidad y resentimiento a ser de comprensión y compasión, con el resultado de que pronto la enfermera jefe respondió de la misma manera.

EL AMOR LO AGUANTA TODO

Séptima lección

Un espíritu capaz de perdonar es imprescindible para la vida matrimonial.

El amor es un corredor de larga distancia

Hace años trabajaba en una prisión local. Las autoridades llevaron a esa prisión a un joven del norte de Nueva Jersey para que cumpliera condena. Cada primer domingo de mes era «domingo de visita», por lo que el padre del joven hacía el trayecto hasta la prisión ——más de dos horas de ida y otras tantas de vuelta—— para visitar a su hijo. Cada mes, su hijo se negaba a verlo. Cada mes, el padre volvía otra vez. Un domingo, aproveché la oportunidad para preguntarle al padre por qué persistía en sus visitas cuando su hijo se negaba a verlo.

«Quiero que sepa lo mucho que lo quiero ——dijo——. No se me ocurre otra forma de hacerlo.»

El amor nunca se rinde.

Las siete lecciones de *El amor todo lo disculpa, todo lo cree, todo lo espera, todo lo soporta. El amor nunca se rinde*

1. Las cosas van mal en todas las relaciones. Lo que cuenta es cómo afrontas lo malo.

2. Pregunta a tu novio cómo define el amor verdadero; pregúntate a ti misma si vive según sus palabras.

3. Si no puedes aplacar temores serios antes de la boda, no te cases.

4. Hay muchos posibles señor Adecuado. Cuando has elegido al hombre que ha de ser tuyo regocíjate en esa decisión y comprométete con ella.

5. No confundas la boda con el matrimonio.

6. Una propuesta cariñosa y reflexiva establece el tono del desarrollo emocional del matrimonio.

7. Un espíritu capaz de perdonar es imprescindible para la vida matrimonial.

Quiero dos o tres hijos, pero a mi novio no le gustan mucho los niños. Me imagino que una vez que estemos casados podré convencerlo para que cambie de opinión. Mi hermana dice que es una pésima idea.

Tu hermana tiene razón. Después del día de la boda, la gente es igual que era antes de casarse, a veces incluso de manera más acusada. Convéncelo de que se cambie los calcetines. Convéncelo de que se cambie la ropa interior. Pero no intentes convencerlo para que cambie de opinión. No va a suceder.

Descubrí que mi prometido pasó la noche con su ex novia. Me dijo que tenía miedo y que sólo regresó con ella para asegurarse de que había tomado la decisión correcta. Estaba muy disgustado y me pidió que lo perdonara. Amo a Josh, pero ¿cómo puedo perdonarlo si no sé si puedo confiar en él?

Es muy posible que haya cometido un error de una sola vez, pero es un error muy grande. También por esto aconsejo un periodo de compromiso más largo, para que tu futuro marido pueda demostrar de verdad que es capaz de ser fiel. Si tiene miedo, debería hablarlo contigo, su novia, no con su ex novia. Una cosa es tener dudas. Otra muy diferente es querer que te las solucione otra mujer. ¿Mi consejo? No te cases con él.

¿Cree en el amor a primera vista?

Sí, ¡porque lo he visto de primera mano! Cuando le preguntaron a mi madre, Patricia, qué le había atraído de mi padre, Herbert Eli Connor, respondió: «Me gustó la forma de su cuello.» Vamos, si eso no es amor a primera vista… Pero no hay que dejarse llevar. El amor a primera vista podría no ser una guía fiable para una relación comprometida. Así que, si te sientes locamente enamorada, da tiempo al amor a que se demuestre. Y recuerda que hacen falta otros ingredientes para un matrimonio feliz.

Soy cristiana y mi novio es musulmán. Sabemos que nos enfrentamos a obstáculos en nuestra relación, pero estamos comprometidos a trabajar las cosas juntos. El problema es nuestros padres, que están totalmente en contra de la boda. ¿Algún consejo?

La comunicación es la clave aquí. Así que en cuanto lo tengáis claro, hablad cada uno con la familia del otro. Es probable que tus padres sepan muy poco de la fe musulmana, por lo que un cara a cara respetuoso será de utilidad para todos. Asegúrate de que tu novio sepa de antemano que tus padres están preocupados por tu relación y que esperan algunas respuestas francas de él. Y prepárate para conocer a su familia en las mismas condiciones.

Si tus padres son firmes en su rechazo y tú todavía quieres casarte con él, puede que tengas que hacer de tripas corazón y casarte a pesar de sus objeciones. No sería la primera vez que una mujer (o un hombre) se ha casado contra la voluntad de los padres. Es poco probable que sea la última.

Mi novio quiere que firme un contrato prematrimonial. Estoy ofendida. No sólo muestra una falta de confianza por su parte, sino que creo que es una mala idea empezar un matrimonio pensando que no va a funcionar. ¿Quién tiene razón?

En esta época, cuando el 50 % de los matrimonios terminan en divorcio, entiendo que una pareja (después de discutir la cuestión de manera exhaustiva) pueda firmar un contrato prematrimonial. El matrimonio es un desafío ingente y los problemas de dinero son fuente de muchos fracasos matrimoniales. ¿Puede ser esto una señal de que tú y tu novio no estáis de acuerdo en cuestiones financieras? Esta área crucial de la vida matrimonial merece mucha discusión. Sin embargo, si tú y tu novio no lográis llegar a un acuerdo, te daría el mismo consejo que cualquier buen abogado: no firmes nada con lo que no te sientas a gusto.

Mi novio tiene una hija de su anterior matrimonio. Danny ama a su hija y la ve todos los sábados. Es muy buen padre. La semana pasada, cuando íbamos a recoger a Alisha, su ex hizo un comentario desagradable respecto a que Danny se retrasaba en los pagos de manutención. Me puse a pensar. Si Danny no está haciendo lo correcto para su hijita, ¿está a la altura que yo pensaba?

Pregúntale a él. Puede haber diversas razones por las que se haya retrasado con los pagos, si es que es así. Éste es otro ejemplo de mi regla básica de la comunicación: «Sed sinceros el uno con el otro en el amor.» No lo acuses. Tú lo amas, por lo tanto averigua cuál es su historia, y luego juzga.

A mi madre le gusta mi novio. Ella dice que es «carne de boda» y que he de cazarlo antes de que otra lo haga. No estoy tan segura.

¡Dile a tu madre que se case con él! Con toda seriedad, es fantástico contar con la aprobación de tu madre, pero eres tú quien tiene que verlo como «carne de boda».

Recientemente he descubierto que mi prometido tiene un problema de drogas. Lo amo profundamente, pero no quiero estar casada con un adicto.

Nunca, bajo ninguna circunstancia, te cases con él sólo a cambio de la promesa de que va a dejarlo. Un compromiso sostenido largo tiempo de vivir sin drogas es lo importante aquí. Que tu novio deje las drogas (y viva sin ellas) debe ser una condición del matrimonio. Éste, por cierto, es uno de los motivos por los que no creo en la noción del amor incondicional. Hay ocasiones en las que se han de imponer condiciones a la persona amada. Ésta es una de ellas.

Mi novio y yo tenemos una relación fuerte. Nos amamos profundamente y queremos casarnos. El único problema es que nuestras familias no se llevan bien. ¿Debo preocuparme?

En primer lugar, pregúntate por qué no se llevan bien, porque vuestras familias pueden ver algo que tú hayas pasado por alto. La comunicación es clave aquí, con tu familia y también con la de tu prometido. ¿Cómo lleva él esta distancia mutua entre las familias? Podría decirte algo de él que desconoces, porque somos en gran parte lo que nuestras familias nos hacen. Aun así, hay que decirlo, tu relación con la familia de tu futuro esposo no es determinante de la relación con tu marido. Si has pensado en esto con cuidado, te sugiero que te cases de todos modos. Pero asegúrate de mantener las líneas de comunicación abiertas en todos los frentes.

OTROS TÍTULOS

LAS MUJERES QUE AMAN DEMASIADO

Robin Norwood

«Cuando estar enamorada significa sufrir, es que estamos amando demasiado. Cuando la mayoría de nuestras conversaciones con amigas íntimas son acerca de él, de sus problemas, ideas, acciones y sentimientos, cuando casi todas nuestras frases comienzan con "él...", es que estamos amando demasiado. Cuando disculpamos su mal humor, su indiferencia y sus desaires e intentamos justificarlo o incluso convertirnos en su terapeuta, es que estamos amando demasiado.»

En este libro, del que se han vendido más de tres millones de ejemplares y que sigue siendo un best-séller, Robin Norwood ayuda a las mujeres adictas a esta clase de amor a reconocer, comprender y cambiar su manera de amar. A través de historias reveladoras y de un programa de recuperación, ofrece un camino para que consigan amarse a sí mismas y establecer una relación de pareja sana, feliz y duradera.

LA AUTÉNTICA BELLEZA

Mariel Hemingway

Las mujeres de hoy no paramos. El trabajo, el estudio, la casa, la familia, las actividades de todo tipo... Sabemos que además deberíamos comer bien, hacer ejercicio y conseguir relajarnos al final del día, pero raramente lo logramos. Pues bien, no tiene por qué ser así.

En lugar de proponernos una dieta tiránica o rutinas de ejercicios imposibles, Mariel Hemingway nos ofrece un programa revolucionario de treinta días para renovar nuestras energías, mejorar nuestra salud, serenar nuestra mente y descubrir nuestra auténtica belleza.

Su programa nos ayuda a identificar los problemas a que nos enfrentamos en las áreas clave de nuestra vida, para lograr el equilibrio, cuidar nuestra salud y vernos y sentirnos fantásticas de la cabeza a los pies.

LA BELLEZA NO TIENE TALLA

Kate Harding y Marianne Kirby

Primero la mala noticia: es muy probable que no haya una persona delgada en tu interior esperando salir a la superficie. Pero quizás sí que haya una persona feliz, segura de sí misma, maravillosa y gorda. Y este libro te ayudará a hacerla salir a la luz.

Kate Harding y Marianne Kirby han perdido la cuenta de todas las dietas que han hecho. Entre las dos, han perdido bastantes kilos como para fabricar otra persona entera. Pero como casi todos los que se ponen a dieta, siempre los han recuperado, así que un día se decidieron a activar el Plan B. En este libro nos explican cómo consiguieron dejar de matarse de hambre y aprendieron a sentirse bien en su propio cuerpo.

Marianne y Kate saben que «gorda» no es sinónimo de perezosa, fea o tonta. Y sostienen que contrariamente a lo que se repite hasta el cansancio, se puede ser gorda y estar saludable al mismo tiempo. En este libro descubrirás cómo vivir tu vida con alegría, energía y grandes dosis de amor propio, sin que tu talla tenga la menor importancia.

MUJERES QUE CORREN CON LOS LOBOS

Clarissa Pinkola Estés

Dentro de toda mujer alienta una vida secreta, una fuerza poderosa llena de buenos instintos, creatividad apasionada y sabiduría eterna. Es la Mujer Salvaje, una especie en peligro de extinción que representa la esencia femenina instintiva. Aunque los regalos de la naturaleza les pertenecen desde siempre, los constantes esfuerzos de la sociedad por «civilizar» a las mujeres han ocultado los dones que éstas albergan en su interior.

En este libro, Clarissa Pinkola Estés revela ricos mitos interculturales, cuentos de hadas e historias —muchas de ellas relativas a su propia familia— para ayudar a las mujeres a recuperar su fuerza y volver a conectar con su verdadera esencia. Pinkola Estés ha creado una psicología femenina en su sentido más auténtico, el que lleva al conocimiento del alma.

Mujeres que corren con los lobos es un fascinante mosaico de historias que, además de resultar sumamente entretenido, nos ofrece una nueva visión de lo femenino y de sus posibilidades.